ORGANISATION

ET

RÈGLEMENS

DE L'INSTITUT

NATIONAL.

ORGANISATION

ET

RÈGLEMENS

DE L'INSTITUT

NATIONAL.

~~~~~~~~~

PARIS.

BAUDOUIN, Imprimeur de l'Institut national.

——————

VENDÉMIAIRE AN XIII.

TABLE
DES ARTICLES.

ORGANISATION ET RÈGLEMENS.

PERSONNEL.

INSTITUT

NATIONAL.

~~~~~~~~~

ORGANISATION

ET

RÈGLEMENS.

———————

*EXTRAIT de l'Acte constitu-
tionnel de l'an 8.*

ART. LXXXVIII.

Un Institut national est chargé de recueillir les découvertes, de perfectionner les sciences et les arts.

1.

EXTRAIT

Des registres des délibérations du Gouvernement de la République.

Saint-Cloud, le 3 pluviose an 11 de la République.

L E Gouvernement de la République, sur le rapport du ministre de l'Intérieur, le Conseil d'État entendu,

Arrête ce qui suit :

ARTICLE PREMIER.

L'Institut national, actuellement divisé en trois classes, le sera désormais en quatre ;

Savoir,

Première Classe.

Classe des sciences physiques et mathématiques.

Seconde Classe.

Classe de la langue et de la littérature françaises.

Troisième Classe.

Classe d'histoire et de littérature ancienne.

Quatrième Classe.

Classe des beaux arts.

Les membres actuels et associés étrangers de l'Institut seront répartis dans ces quatre classes.

Une commission de cinq membres de l'Institut, nommée par le premier Consul, arrêtera ce travail, qui sera présenté à l'approbation du Gouvernement.

I I.

La première classe sera formée des dix sections qui composent aujourd'hui la première classe de l'Institut, d'une section nouvelle de géographie et navigation, et de huit associés étrangers.

Ces sections seront composées et désignées ainsi qu'il suit :

Sciences mathématiques.

Géométrie, six membres.
Mécanique, six *idem*.
Astronomie, six *idem*.
Géographie et navigation, trois *idem*.
Physique générale, six *idem*.

Sciences physiques.

Chimie, six membres.
Minéralogie, six *idem.*
Botanique, six *idem.*
Economie rurale et art vétérinaire,
    six *idem.*
Anatomie et zoologie, six *idem.*
Médecine et chirurgie, six *idem.*

La première classe nommera, sous l'approbation du premier Consul, deux secrétaires perpétuels, l'un pour les sciences mathématiques, l'autre pour les sciences physiques. Les secrétaires perpétuels seront membres de la classe, mais ne feront partie d'aucune section.

La première classe pourra élire jusqu'à six de ses membres parmi ceux des autres classes de l'Institut.

Elle pourra nommer cent correspondans, pris parmi les savans nationaux et étrangers.

I I I.

La seconde classe sera composée
de quarante membres.

Elle est particulièrement chargée
de la confection du Dictionnaire de
la langue française ; elle fera, sous
le rapport de la langue, l'examen
des ouvrages importans de littérature, d'histoire et de sciences. Le
recueil de ses observations critiques
sera publié au moins quatre fois
par an.

Elle nommera dans son sein, et
sous l'approbation du premier Consul, un secrétaire perpétuel, qui
continuera à faire partie du nombre

des quarante membres qui la composent.

Elle pourra élire jusqu'à douze de
ses membres parmi ceux des autres
classes de l'Institut.

I V.

La troisième classe sera composée
de quarante membres et de huit
associés étrangers.

Les langues savantes, les antiquités et les monumens, l'histoire,
et toutes les sciences morales et politiques dans leur rapport avec l'histoire, seront les objets de ses recherches et de ses travaux; elle s'at-
tachera particulièrement à enrichir
la littérature française des ouvrages
des auteurs grecs, latins et orien-
taux, qui n'ont pas encore été tra-
duits.

Elle s'occupera de la continuation des recueils diplomatiques.

Elle nommera dans son sein, sous l'approbation du premier Consul, un secrétaire perpétuel qui fera partie du nombre des quarante membres dont la classe est composée.

Elle pourra élire jusqu'à neuf de ses membres parmi ceux des autres classes de l'Institut.

Elle pourra nommer soixante correspondans nationaux ou étrangers.

V.

La quatrième classe sera composée de vingt-huit membres et de huit associés étrangers.

Ils seront divisés en sections, désignées et composées ainsi qu'il suit:

Peinture, dix membres.

Sculpture, six membres.

Architecture, six *idem.*

Gravure, trois *idem.*

Musique (composition), trois *id.*

Elle nommera, sous l'approbation du premier Consul, un secrétaire perpétuel, qui sera membre de la classe, mais qui ne fera point partie des sections.

Elle pourra élire jusqu'à six de ses membres parmi ceux des autres classes de l'Institut.

Elle pourra nommer trente-six correspondans, pris parmi les nationaux ou les étrangers.

V I.

Les membres associés étrangers auront voix délibérative seulement pour les objets de sciences, de littérature et d'arts; ils ne feront partie d'aucune section, et ne toucheront aucun traitement.

V I I.

Les associés républicoles actuels de l'Institut feront partie des cent quatre-vingt-seize correspondans attachés aux classes des sciences, des belles lettres et des beaux arts.

Les correspondans ne pourront prendre le titre de membres de l'Institut.

Ils perdront celui de correspondans lorsqu'ils seront domiciliés à Paris.

V I I I.

Les nominations aux places vacantes seront faites par chacune des classes où ces places viendront à vaquer ; les sujets élus seront confirmés par le premier Consul.

I X.

Les membres des quatre classes auront le droit d'assister réciproquement aux séances particulières de chacune d'elles , et d'y faire des lectures lorsqu'ils en auront fait la demande.

Ils se réuniront quatre fois par an en corps d'Institut, pour se rendre compte de leurs travaux.

Ils éliront en commun le bibliothécaire et les sous-bibliothécaires de l'Institut , ainsi que les agens qui appartiennent en commun à l'Institut.

Chaque classe présentera à l'approbation du Gouvernement les statuts et règlemens particuliers de sa police intérieure.

X.

Chaque classe tiendra, tous les ans, une séance publique, à laquelle les trois autres assisteront.

X I.

L'Institut recevra annuellement du trésor public quinze cents francs pour chacun de ses membres non associés, six mille francs pour chacun de ses secrétaires perpétuels ; et pour ses dépenses une somme qui sera déterminée tous les ans, sur la demande de l'Institut, et comprise dans le budjet du ministre de l'Intérieur.

XII.

Il y aura pour l'Institut une commission administrative, composée de cinq membres, deux de la première classe, et un de chacune des trois autres, nommés par leurs classes respectives.

Cette commission fera régler, dans les séances générales prescrites par l'article IX, tout ce qui est relatif à l'administration, aux dépenses générales de l'Institut, et à la répartition des fonds entre les quatre classes.

Chaque classe réglera ensuite l'emploi des fonds qui lui auront été assignés pour ses dépenses, ainsi que tout ce qui concerne l'impression et la publication de ses mémoires.

2

X I I I.

Tous les ans , les classes distribue-
ront des prix , dont le nombre et la
valeur sont réglés ainsi qu'il suit :

La première classe , un prix de
trois mille francs ;

La seconde et la troisième classe ,
chacune un prix de quinze cents
francs ;

Et la quatrième classe , de grands
prix de peinture, de sculpture , d'architecture et de composition musicale. Ceux qui auront remporté un
de ces quatre grands prix seront
envoyés à Rome et entretenus aux
frais du Gouvernement.

X I V.

Le ministre de l'Intérieur est chargé

de l'exécution du présent arrêté , qui sera inséré au bulletin des lois.

Le premier Consul :

Signé, BONAPARTE.

Par le premier Consul ,

Le secrétaire d'État,

Signé , Hugues-B. MARET.

Pour ampliation.

Le Ministre de l'Intérieur ,

Signé, CHAPTAL.

EXTRAIT

Des registres des délibérations du Gouvernement de la République.

Paris, le 8 pluviose an 11 de la République.

LE Gouvernement de la République, sur le rapport du ministre de l'Intérieur,

Arrête ce qui suit :

ARTICLE PREMIER.

Les quatre classes formant l'Institut conformément à l'arrêté du 3 pluviose an 11 , seront composées comme suit :

PREMIÈRE CLASSE.

Classe des Sciences physiques et mathématiques.

SCIENCES MATHÉMATIQUES.

1re. Section. — *Géométrie.*

LAGRANGE (Joseph-Louis).
LAPLACE (Pierre-Simon).
BOSSUT (Charles).
LEGENDRE (Adrien-Marie).
DELAMBRE (Jean-Bapt.-Joseph).
LACROIX (Sylvestre-François).

2e. Section. — *Mécanique.*

MONGE (Gaspard).
PRONY (Riche).
PÉRIER (Jacques-Constantin).
BONAPARTE (Napoléon).
BERTHOUD (Ferdinand).
CARNOT (Lazare).

2 *

3e. Section. — *Astronomie.*

LALANDE (Jérôme).
MÉCHAIN (Pierre-François-André).
MESSIER (Charles).
JEAURAT (Edme-Sébastien).
CASSINI (Jean-Dominique).
LEFRANÇAIS-LALANDE (Michel).

4e. Section. — *Géographie et Navigation.*

BOUGAINVILLE (Louis-Antoine).
FLEURIEU (Claret) (Charles-Pierre).
BUACHE (Jean-Nicolas).

5e. Section. — *Physique générale.*

CHARLES (Jacques-Alexandre-César).
BRISSON (Mathurin-Jacques).
COULOMB (Charles-Augustin).
ROCHON (Alexis-Marie).
LEFÈVRE-GINEAU (Louis).
LEVÊQUE (Pierre).

SCIENCES PHYSIQUES.

6e. Section. — *Chimie.*

BERTHOLLET (Claude-Louis).
GUYTON (Louis-Bernard).
FOURCROY (Antoine-François).
VAUQUELIN (Nicolas).
DEYEUX (Nicolas).
CHAPTAL (Jean-Antoine).

7e. Section. — *Minéralogie.*

HAÜY (René-Just).
DESMAREST (Nicolas).
DUHAMEL (Guillot).
LELIÈVRE (Claude-Hugues).
SAGE (Balthazar-George).
RAMOND (   ).

8e. Section. — *Botanique.*

LAMARCK (Jean-Baptiste).
DESFONTAINES (René).

ADANSON (Michel).

JUSSIEU (Antoine-Laurent).

VENTENAT (Etienne-Pierre).

LABILLARDIÈRE (Jacques-Julien).

9ᵉ. Section. — *Économie rurale et Art vétérinaire.*

THOUIN (André).

TESSIER (Henri-Alexandre).

CELS (Jacques-Martin).

PARMENTIER (Antoine-Augustin).

HUZARD (Jean-Baptiste).

. . . .

10ᵉ. Section. — *Anatomie et Zoologie.*

LACÉPÈDE (Bern.-Germain-Etienne).

TENON (Jacques).

CUVIER (George).

BROUSSONET (Pierre-Auguste).

RICHARD (Louis-Claude).

OLIVIER (Guillaume-Antoine.)

11ᵉ. Section. — *Médecine et Chirurgie.*

DesEssartz (Jean-Charles).
Sabatier (Raphaël-Bienvenu).
Portal (Antoine).
Hallé (Jean-Noël).
Pelletan (Philippe-Jean).
Lassus (Pierre).

———

Les Associés étrangers de la première classe de l'Institut sont :

Banks, à Londres.
Maskelyne, à Londres.
Cavendish, à Londres.
Priestley, en Amérique.
Pallas, en Russie.
Herschell, à Londres.
Rumford, à Munich.

. . . .

Les Correspondans de la première classe sont :

1°. *Pour la Géométrie.*

ARBOGAST, à Strasbourg.
DUVAL-LEROY, à Brest.
LALLEMAND, à Reims.
TEDENAT, à Saint-Geniez.
BIOT, à Beauvais.

2°. *Pour la Mécanique.*

SANÉ, à Brest.
MARESCOT, à
FORFAIT, au Havre.
NIEWPORT, à Bruxelles.

3°. *Pour l'Astronomie.*

DANGOS, à Tarbes.
DUC-LACHAPELLE, à Montauban.
FLAUGERGUES, à Viviers.
THULIS, à Marseille.

SEPMANVILLE, à Évreux.
VIDAL, à Toulouse.

4°. Pour la Géographie et la Navigation.

BOURGOING, à Nevers.
VERDUN, à Versailles.
GRANDCHAIN, à Bernay.
LESCALIER, à la Guadeloupe.
ROMME, à Rochefort.
COQUEBERT, à Londres.

5°. Pour la Physique générale.

LOISEL, à Maëstricht.
DERATE, à Montpellier.
SIGAUD-LAFOND, à Bourges.
PICTET, à Genève.

6°. Pour la Chimie.

BAUMÉ, aux Carrières.
SEGUIN, à Sèvres.

Van Mons, à Bruxelles.
Nicolas, à Nancy.
Chaussier, à Dijon.
Welter, à Valenciennes.

7°. Pour la Minéralogie.

Valmont-Bomare, à Chantilly.
Schreiber, à Pezay.
Patrin, à Lyon.
Gillet-Laumont, à Daumont.

8°. Pour la Botanique.

Villars, à Grenoble.
Gouan, à Montpellier.
Gérard, à Cotignac.
Picot-Lapeyrouse, à Toulouse.
Palissot-Beauvois, à l'Eglantier.
Boucher, à Abbeville.

9°. *Pour l'Economie rurale et l'Art vétérinaire.*

ROUGIER-LA-BERGERIE, à Auxerre.
HEURTAUT-LAMERVILLE, à Dun-sur-Auron.
MICHAUX, à
LAFOSSE, à Montaterre.
CHABERT, à Alfort.
CHANORIER, à Croissy.

10°. *Pour l'Anatomie et la Zoologie.*

LAUMONIER, à Rouen.
GEOFFROY, à Chartreuve.
LATREILLE, à Tulle.
JURINE, à Genève.
DUMAS, à Montpellier.

3

11°. *Pour la Médecine et la Chirurgie.*

PERCY, à

BONTÉ, à Coutances.

SAUCEROTTE, à Lunéville.

LOMBARD, à Strasbourg.

BARAILON, à Evaux.

BARTHÈS, à Narbonne.

DEUXIÈME CLASSE.

Classe de la Langue et de la Littérature françaises.

VOLNEY (Chassebœuf) (Constantin-François).

GARAT (Dominique-Joseph).

CAMBACÉRÈS (Jean-Jacques-Régis).

CABANIS (Pierre-Jean-George).

SAINT-PIERRE (Jacques-Bernardin-Henri).

NAIGEON (Jacques-André).

MERLIN (Philippe-Antoine).

BIGOT-PREAMENEU (Félix - Julien-Jean).

SIEYES (Emmanuel-Joseph).

LACUÉE (Jean-Gérard).

ROEDERER (Pierre-Louis).

ANDRIEUX (François - Guillaume-Jean-Stanislas).

VILLAR (Gabriel).

DOMERGUE (Urbain).

FRANÇOIS (de Neufchâteau) (Nicolas).

CAILHAVA (Jean-François).

SICARD (Roch-Ambroise).

CHÉNIER (Marie-Joseph).

LEBRUN (Écouchard) (Ponce-Denis).

DUCIS (Jean-François).

COLLIN-HARLEVILLE (Jean-François).

LE GOUVÉ (Gabriel-Marie-Jean-Baptiste).

ARNAULT (Antoine-Vincent).

FONTANES (Louis).

DELILLE (Jacques).

LAHARPE ( ).

SUARD (Jean-Baptiste-Antoine).

TARGET (Guy-Jean-Baptiste).

MORELLET (André).

BOUFFLERS (Stanislas-Jean).

Bissy ( ).
Saint-Lambert ( ).
Roquelaure ( ).
Boisgelin ( ).
D'Aguesseau ( ).
Bonaparte (Lucien).
Devaines (Jean).
Ségur (Louis-Philippe).
Portalis (Jean-Étienne-Marie).
Regnaud (de Saint-Jean d'Angély)
  (Michel-Louis-Étienne).

3 *

TROISIÈME CLASSE.

*Classe d'Histoire et de Littérature
ancienne.*

DACIER (Bon-Joseph).
LE BRUN (Charles-François).
POIRIER (Germain).
ANQUETIL (Louis-Pierre).
BOUCHAUD (Matthieu-Antoine).
LÉVESQUE (Pierre-Charles).
DUPONT (Pierre-Samuel).
DAUNOU (Pierre-Claude-François).
MENTELLE (Edme).
REINHARD (Charles).
TALLEYRAND (Charles-Maurice).
GOSSELLIN (Pascal - Fr. - Joseph).
GINGUENÉ (Pierre-Louis).
DE LISLE DE SALES (Jean).
GARRAN (Jean-Philippe).
CHAMPAGNE (Jean-François).

LAKANAL (Joseph).

TOULONGEON (François-Emmanuel).

LE BRETON (Joachim).

GRÉGOIRE (Henri).

REVELLIÈRE-LÉPEAUX (Louis-Ma-
    rie).

BITAUBÉ (Paul-Jérémie).

LAPORTE DU THEIL (François-Jean-
    Gabriel);

LANGLÈS (Louis-Matthieu).

LARCHER (Pierre-Henri).

POUGENS (Marie-Charles-Joseph).

VILLOISON (Jean-Baptiste-Gaspard).

MONGEZ (Antoine).

DUPUIS (Charles-François).

LE BLOND (Gaspard-Michel).

AMEILHON (Hubert-Pascal).

CAMUS (Armand-Gaston).

MERCIER (Louis-Sébastien).

GARNIER (Jean-Jacques).

ANQUETIL DUPERRON (   ).

SILVESTRE DE SACY (Ant.-Isaac).
SAINTE-CROIX (Guillaume-Emma-
    nuel-Joseph-Guilhem.).
PASTORET (Claude-Emmanuel).
GAILLARD (   ).
CHOISEUL-GOUFFIER (   ).

Les Associés étrangers de la 3ᵉ
classe sont :

JEFFERSON, à Philadelphie.
RENNELL, à Londres.
NIEBUHR, en Danemarck.
FOX, à Londres.
HEYNE, à Gottingue.
WILDFORT, à Calcutta.
KLOPSTOCK, à Hambourg.
WIELAND, à Saxe-Weimar.

Les Correspondans de la 3e classe sont :

DESTUTT-TRACY, à Auteuil.
DESÈZE, à Bordeaux.
LAROMIGUIÈRE, à Toulouse.
JACQUEMONT, à Hesdin.
DÉGÉRANDO, à Lyon.
PREVOST, à Genève.
LABENE, à Agen.
VILLETERQUE, à Ligny.
SAINT-JEAN-CREVECŒUR, à Rouen.
FERLUS, à Sorreze.
GAUDIN, à la Rochelle.
LEGRAND-LALEU, à Laon.
ROUSSEL, à Chartres.
HOUARD, à Dieppe.
REYMOND, à Saint-Domingue.
DIANYERE, à Moulins.
PAPON, à Riom.
GROUVELLE, à

MASSA, à Nice.

GALLOIS, à Auteuil.

ROUME, à

GARNIER (Germain), à Versailles.

DUVILLARD, à Passy.

KOCH, à Strasbourg.

GUDIN, à Avalon.

SENEBIER, à Genève.

DOTTEVILLE, à Versailles.

LAURENCIN, à Lyon.

LECLERC, à

CROUZET, à St.-Cyr.

MOREL, à Lyon.

BOINVILLIERS, à Beauvais.

BRUNCK, à Strasbourg.

SABATIER, à Châlons-sur-Marne.

RUFIN, à Versailles.

SCHWEIGHAUSER, à Strasbourg.

BELIN-BALLU, à Garencière.

PIEYRE, à Nîmes.

BERENGER, à Lyon.

PALISSOT, à Mantes.

MASSON, à Coblentz.

OBERLIN, à Strasbourg.

FAUVEL, à Athènes.

GIBELIN, à Versailles.

RIBOUD, à Bourg.

TRAULLÉ, à Abbeville.

QUATRIÈME CLASSE.

Classe des Beaux Arts.

1ère. Section. — *Peinture.*

DAVID (Jacques-Louis).
VAN SPAENDONCK (Gérard).
VIEN (Joseph-Marie).
VINCENT (François-André).
REGNAULT (Jean-Baptiste).
TAUNAY (Nicolas-Antoine).
DENON (Vivant).
VISCONTI (Ennius-Quirinus).

2e. Section. — *Sculpture.*

PAJOU (Augustin).
HOUDON (Jean-Antoine).
JULIEN (Pierre).
MOITTE (Jean-Guillaume).
ROLAND (Philippe-Laurent).
DEJOUX (Claude).

3ᵉ. Section. — *Architecture.*

GONDOIN (Jacques).
PEYRE (Antoine-François).
RAYMOND (Jean-Arnaud).
DUFOURNY (Léon).
CHALGRIN (Jean-François-Thérèse).
HEURTIER (Jean-François).

4ᵉ. Section. — *Gravure.*

BERVIC (Jean-Guillaume-Barvez).
DUMAREST (Rambert).
JEUFFROY (Romain-Vincent).

5ᵉ. Section. — *Musique.* (Composition.)

MÉHUL (Etienne).
GOSSEC (François-Joseph).
GRÉTRY (André-Ernest).

4

MONVEL (Boutet) (Jacques-Marie).

GRANDMENIL (Fauchard) (Jean-
Baptiste).

——————

Les Associés étrangers de la 4e.
classe sont :

HAYDN , à Vienne.

CANOVA , à Rome.

CALDERARI , à Vicence.

——————

Les Correspondans de la 4e. classe
sont :

1°. *Pour la Peinture.*

LACOUR , à Bordeaux.

LENS aîné , à Bruxelles.

BARDIN , à Orléans.

PRUDHON , à Dijon.

GIROUST , à Lunéville.

2°. *Pour la Sculpture.*

Boichot, à Autun.
Van Poucke, à Gand.
Chinard, à Lyon.
Blaise, à Poissy.
Renaud, à Marseille.

3°. *Pour l'Architecture.*

Paris, au Havre.
Combes, à Bordeaux.
Crucy, à Nantes.
Foucherot, à Tonnerre.

4°. *Pour la Musique.* (Composition.)

Beck, à Bordeaux.
Moreau, à Liége.
Caillot, à Saint-Germain.
Blaze, à Cavaillon.
Mauduit-Larive, à Montlignon.
Bonnet-Beauval, à Bordeaux.

I I.

La première classe de l'Institut tiendra ses séances le lundi de chaque semaine.

La seconde, le mercredi.

La troisième, le vendredi.

La quatrième, le samedi.

Ces séances auront lieu dans le même local, et dureront depuis trois heures jusqu'à cinq.

I I I.

La première classe rendra publique sa première séance du mois de vendémiaire.

La deuxième, sa première de nivose.

La troisième, sa première de germinal.

La quatrième, sa première de messidor.

I V.

Le ministre de l'Intérieur est chargé de l'exécution du présent Arrêté.

Le premier Consul,

Signé, BONAPARTE.

Par le premier Consul,

Le secrétaire d'Etat,

Signé, Hugues-B. MARET.

Pour ampliation,

Le ministre de l'Intérieur,

Signé, CHAPTAL.

4 *

RÈGLEMENT

GÉNÉRAL

Arrêté par l'Institut national dans les séances générales du 10 et du 17 germinal an XI.

L'INSTITUT NATIONAL, après avoir entendu le rapport d'une commission nommée à cet effet, arrête pour articles de Règlement :

TITRE PREMIER.

Assemblées générales, objets qui y seront traités, présidence, etc.

ARTICLE PREMIER.

La présidence des quatre séances

publiques ordonnées par l'arrêté du Gouvernement, du 3 pluviose dernier, appartiendra successivement à chacune des quatre classes.

I I.

Les prix proposés par chaque classe seront distribués dans une des séances qui seront propres à cette classe.

I I I.

Chacun des membres de l'Institut qui se rendra, soit aux quatre séances publiques, soit aux séances générales, s'inscrira, à son arrivée, sur une feuille préparée à cet effet.

I V.

Les séances générales de l'Institut seront présidées, pendant chaque trimestre, par le président de l'une des classes de l'Institut. La présidence, pendant le premier trimestre de l'année, appartiendra au président de la classe des sciences physiques et mathématiques ; pendant le second trimestre, au président de la classe de la langue et de la littérature françaises, et ainsi successivement.

V.

Pendant tout le cours du trimestre, le bureau de la classe qui sera en tour de présider formera le bureau de l'Institut. Les lettres et autres objets adressés à l'Institut lui seront remis pour en ordonner le renvoi, ou y faire la réponse convenable.

V I.

L'Institut tiendra une séance générale ordinaire le premier mardi du

premier mois de chaque trimestre.
Dans le cas où ce jour se trouveroit
occupé par une fête, la séance sera
remise au jeudi suivant.

VII.

Indépendamment des séances ordinaires, l'Institut s'assemblera en
séance générale extraordinaire, sur
la convocation du président de chaque
trimestre.

VIII.

Si l'une des classes vote dans
son sein la convocation d'une séance
extraordinaire, le secrétaire perpétuel de la classe qui aura émis ce
vœu le fera connoître au président
du trimestre, lequel sera tenu de
convoquer la séance extraordinaire:
elle sera convoquée par billets remis
au domicile de chacun des membres.

I X.

Dans les séances générales ordinaires, le président proclamera d'abord le nom des nouveaux membres qui auroient été élus pendant le cours du trimestre précédent ; ensuite l'Institut entendra le compte que les personnes nommées à cet effet par les classes lui rendront des travaux de leur classe ; après quoi, l'on procédera aux nominations, s'il en est à faire : enfin, l'on traitera des objets d'intérêt commun pour l'Institut.

X.

Le compte des travaux des classes mentionné dans l'article précédent sera rendu successivement par chacune des classes le jour de la séance générale où elle devra présider.

X I.

Dans les séances extraordinaires, le président annoncera les objets qui ont déterminé la convocation, et dont l'Institut doit s'occuper.

X I I.

Il ne pourra être procédé aux nominations à faire par l'Institut que dans une de ses séances générales ordinaires.

X I I I.

Dans toutes les nominations à faire par l'Institut, la majorité absolue des suffrages des membres présens est nécessaire pour être nommé.

XIV.

Il sera tenu un registre particulier pour y inscrire les procès-verbaux des séances générales, tant ordinaires qu'extraordinaires ; il sera pareillement tenu un registre particulier pour la correspondance de l'Institut en corps.

TITRE II.

Répartition de l'indemnité accordée aux membres de l'Institut.

NOTA. Les art. 15, 16, 17 et 18 n'ayant point été approuvés par le premier Consul, ont été supprimés.

XIX.

Toute distinction relative à la fixation de l'indemnité, eu égard à l'époque à laquelle les membres de l'Institut ont été reçus par le passé ou le seront à l'avenir, est abrogée. L'indemnité de chacun des membres sera de 1,500 francs.

TITRE III.

De la bibliothèque et du cabinet de l'Institut. Compte des dépenses.

XX.

La bibliothèque de l'Institut sera ouverte à tous ses membres, aux associés étrangers et aux correspondans de l'Institut, tous les jours, excepté le dimanche et les fêtes, depuis dix heures du matin jusqu'à cinq heures après midi.

XXI.

Le cabinet d'histoire naturelle, de

physique, de machines, de monumens d'antiquité et autres, sera ou-
vert à tous les membres de l'Institut,
et, sur leur demande, aux mêmes
jours et aux mêmes heures que la
bibliothèque. Il sera entretenu et
surveillé sous la direction de commissaires de l'Institut, ainsi qu'il a
été réglé par l'arrêté du 5 fructidor
an 9. Les membres qui devoient être
choisis à cet effet par les sections
d'histoire et d'antiquités seront remplacés par trois membres que la
classe d'histoire et de littérature
ancienne désignera.

XXII.

Le compte annuel des recettes et
dépenses de l'Institut lui sera présenté dans une séance générale.
L'assemblée nommera des commis-

saires pour l'examiner : elle statuera d'après leur rapport.

TITRE IV.

Des devoirs à rendre aux membres de l'Institut après leur décès.

XXIII.

En cas de décès d'un des membres de l'Institut, le commis au secrétariat prendra auprès des personnes de la famille les renseignemens nécessaires sur le lieu et l'heure des funérailles, et il en donnera avis par écrit aux membres de l'Institut, qui sont tous invités à se réunir pour rendre les derniers devoirs à leur collègue décédé. Les présidens, le secrétaire perpétuel et six membres désignés par la classe dont il étoit membre, sont spécialement chargés de s'acquitter de ce devoir : dans le cas où ils ne pourroient pas s'en acquitter par eux-mêmes, ils prieront un de leurs collègues de les remplacer.

L'Institut arrête que le bureau présentera le règlement général à l'approbation du Gouvernement.

Certifié conforme au registre.

Le secrétaire perpétuel de la classe d'histoire et de littérature ancienne, faisant fonctions de secrétaire général des classes réunies.

Signé, DACIER.

Le premier Consul a approuvé le présent règlement, à l'exception des articles XV, XVI, XVII et XVIII du titre II, sur l'objet desquels les quatre classes de l'Institut ont pris des délibérations individuelles.

Par ordre.

Le secrétaire d'État,

Signé, HUGUES-B. MARET.

19 floréal an XI.

—————

5 *

RÈGLEMENT

INTÉRIEUR

Pour la Classe des sciences mathématiques et physiques de l'Institut national.

ARTICLE PREMIER.

LA classe aura un président et un vice-président, choisis parmi ses membres. Elle nommera, chaque année, dans sa seconde séance de vendémiaire, et à la majorité absolue, un vice-président, pris alternativement dans les sections mathématiques et dans les sections physiques. Il sera président l'année suivante , et ne pourra être immédiatement réélu vice-président.

I I.

La classe nommera chaque année , dans la même séance et à la majorité absolue, un membre de la commission administrative, pris alternativement dans les sections mathématiques et dans les sections physiques. Il ne pourra être immédiatement réélu.

I I I.

Le président , le vice-président, les deux secrétaires perpétuels et les deux membres de la commission administrative , formeront un comité chargé de l'emploi des fonds de la classe, de l'impression de ses ouvrages, et de la tenue de ses séances générales et publiques.

I V.

Dans le mois qui suivra l'annonce de la vacance d'une place de membre ou d'associé étranger, la classe délibérera s'il y a lieu ou non d'élire, après avoir entendu sur cet objet le rapport de la section dans laquelle la place sera vacante.

Si la classe juge qu'il n'y a pas lieu d'élire, elle délibérera de nouveau et de la même manière sur cet objet, six mois après, et ainsi de suite.

Lorsque la classe aura arrêté qu'il y a lieu d'élire, tous les membres seront convoqués pour la séance suivante. La section dans laquelle la place sera vacante y présentera trois candidats au moins, dans l'ordre de préférence qu'elle leur accorde. S'il s'agit d'un associé étranger, la classe nommera à la majorité relative, et pour tenir lieu de section, six membres, auxquels le président sera adjoint. Trois de ces membres seront pris dans les sections mathématiques, et trois dans les sections physiques.

Le mérite des candidats présentés par la section, et de ceux qu'elle pourroit avoir omis, sera discuté en séance secrète.

Dans la séance qui suivra cette discussion, pour laquelle les membres seront de nouveau convoqués, si les deux tiers sont présens, on procédera à l'élection par voie de scrutin individuel, sans s'astreindre à aucune liste. Si le premier tour de scrutin ne donne point de majorité absolue, on procédera à un second tour. S'il n'en résulte point encore de majorité absolue, on procédera à un scrutin de ballottage entre tous les candidats qui n'en auront point deux autres supérieurs en suffrages. On continuera ce scrutin de ballottage, toujours avec la même condition, jusqu'à ce que l'on obtienne la majorité absolue. Si l'on parvient à une égalité de suffrages entre les candidats, l'élection entre eux seuls sera remise à la séance suivante, pour laquelle il y aura une convocation nouvelle. Si les deux tiers des membres ne sont pas présens à la première séance indiquée pour l'élection, les membres seront convoqués de nouveau pour la séance suivante; et il suffira, pour procéder à l'élection, de la majorité des membres de la classe.

V.

Le mode d'élection qui précède sera suivi pour une place de secrétaire, avec la différence que la classe ne délibérera point s'il y a lieu ou non d'élire. Pour tenir lieu de section, la classe nommera, à la majorité relative, six membres pris dans la division dans laquelle la place sera vacante, et auxquels le président sera adjoint.

V I.

Les correspondans seront élus par un scrutin individuel ; et, dans le cas où le premier tour de scrutin ne

donnera point de majorité absolue ,
on procédera à un second tour, où
il suffira de la majorité relative. Les
correspondans pourront être choisis
parmi les savans nationaux et étrangers.

V I I.

Tout membre qui s'absentera plus
d'une année sans l'autorisation de
la classe sera censé avoir donné sa
démission.

V I I I.

Sur le traitement de chaque membre
de la classe , 3oo francs seront pré-
levés pour les droits de présence.

I X.

Les seuls membres et associés

de l'Institut en porteront le costume.

Certifié conforme à la délibération de la première classe de l'Institut.

Signé, CHAPTAL, *président.*

Le premier Consul a donné son approbation au Règlement ci-dessus.

Par ordre.

Le secrétaire d'État,

Signé, HUGUES-B. MARET.

Le 28 ventose an 11.

6

EXTRAIT

Du procès-verbal de la séance du 15 floréal an 11.

Lᴀ classe des sciences physiques et mathématiques, convoquée extraordinairement pour délibérer sur l'indemnité, arrête ce qui suit :

ARTICLE PRÉMIER.

Sur la somme annuelle de 1500 fr., assignée pour chacun des membres de l'Institut par l'art. XI de l'arrêté du Gouvernement du 3 pluviose an 11, il sera distrait une somme de 300 fr.

pour former le fonds du droit de présence accordé à chaque membre de la classe des sciences physiques et mathématiques qui assistera aux séances générales et publiques, et aux séances particulières de la classe.

I I.

Le droit d'assistance des absens accroîtra à ceux qui seront présens à la séance.

I I I.

Nulle autre retenue que celle qui est fixée par l'article premier ne pourra être faite sur ladite indemnité de 1500 francs.

La présente délibération sera soumise à l'approbation du premier Consul par le président de la classe.

Signé, CHAPTAL, *président.*

DELAMBRE, *secrétaire perpétuel.*

Le premier Consul a approuvé le présent Règlement. A Saint-Cloud, le 19 floréal an XI.

Par ordre.

Le secrétaire d'État,

Signé, HUGUES-B. MARET.

ARTICLES

DE

RÈGLEMENT

Arrêtés par la classe de la langue et de la littérature françaises de l'Institut national, dans sa séance du 18 ventose an 11.

ARTICLE PREMIER.

LA classe aura trois officiers : un président, un vice-président, et un secrétaire, dont les deux premiers ne seront en place que trois mois, et serout nommés à la dernière séance de chaque trimestre, dans une assemblée composée de plus de vingt membres, et à la majorité absolue des suffrages, selon le mode expliqué ci-après, et ne pourront être renommés qu'après un an révolu.

I I.

Les fonctions du président seront de maintenir l'ordre dans l'assemblée; de faire délibérer sur les propositions et questions; d'entretenir les relations de la compagnie avec le Gouvernement; de répondre, au nom de la classe, aux discours des récipiendaires le jour de leur réception; de distribuer les prix de l'année et d'annoncer ceux de l'année suivante; de signer les actes et délibérations de la compagnie, etc.

III.

Le vice-président suppléera le président dans toutes ses fonctions; au défaut de l'un et de l'autre, elles seront remplies par le dernier président présent à la séance, et, à défaut de celui-ci, par le plus ancien d'âge.

IV.

Le secrétaire sera perpétuel. Il sera élu dans une assemblée composée des deux tiers des membres existans, convoquée par billets, pour avoir lieu à la seconde séance après celle où la vacance aura été notifiée. Si l'assemblée n'étoit pas complète, elle sera renvoyée à huitaine par une nouvelle convocation par billets, et au cas où cette dernière convocation n'ameneneroit pas les deux tiers des membres, ils seront convoqués de nouveau pour la séance suivante, dans laquelle il suffira, pour procéder à l'élection, de la majorité des membres composant la classe.

V.

La nomination se fera à la majorité absolue des suffrages, et le scrutin sera conduit de la manière suivante : si le premier tour ne donne point de majorité absolue, on procédera à un second; s'il n'en résulte point encore de majorité absolue, on fera un scrutin de ballottage entre les deux aspirans qui auront réuni le plus de votes; si, un seul ayant plus de suffrages que tous les autres sans avoir la majorité absolue il s'en trouvoit deux ou plusieurs ayant un nombre

égal de suffrages, le scrutin de ballottage se fera entre ceux-ci jusqu'à
ce que l'un d'eux soit supérieur aux
autres en suffrages obtenus, et ce dernier sera ballotté avec celui qui aura
eu le premier la majorité relative. Si
les suffrages se trouvoient partagés
également entre deux ou plusieurs
candidats, le sort en décidera.

V I.

Les fonctions du secrétaire seront
de recueillir les résolutions de la compagnie dans les assemblées, et de les
consigner dans un registre; de signer
conjointement avec le président tous
les actes de la compagnie; d'arrêter
et clore la liste des présens à l'heure
prescrite pour le commencement de
la séance; de surveiller le dépôt de
tous les actes et pièces concernant

l'institution de la compagnie, ses
travaux, ses intérêts, etc.

V I I.

En cas d'absence, de maladie ou
de mort, le secrétaire sera remplacé
dans l'intérim par le vice-président,
ou, à défaut de celui-ci, par le plus
âgé des membres présens.

V I I I.

Il sera nommé chaque année, à la
première séance de germinal, parmi les
membres de la classe, dans une assemblée composée de plus de vingt membres, à la majorité absolue des suffrages
et selon les formes de convocation et de
scrutin expliquées ci-dessus, un commissaire de la commission administrative de l'Institut, qui ne pourra
être réélu l'année suivante.

I X.

Le bureau de la classe sera composé
du président, du secrétaire, et du
commissaire à la commission administrative.

X.

Lorsqu'il y aura un membre à élire,
il sera formé par le secrétaire une liste
des noms de tous ceux qui se seront
inscrits comme candidats, ou qui se
seront fait inscrire par un des membres
de la classe au secrétariat; et la nomination ne pourra tomber que sur
l'un de ceux qui seront compris dans
cette liste.

X I.

La nomination à la place vacante
se fera dans une assemblée formée

des deux tiers des membres existans,
et selon les formes de convocation et
de scrutin expliquées ci-dessus pour
la nomination du secrétaire.

X I I.

La séance dans laquelle un membre
nouvellement élu prendra place pour
la première fois sera rendue publique.
Le récipiendaire y prononcera un discours dans lequel il fera l'éloge de
son prédécesseur, et traitera quelque
sujet littéraire. Le président de l'assemblée de réception sera celui qui
remplissoit cette place à l'époque de
la mort du membre décédé; il répon-
dra au récipiendaire au nom de la
classe.

X I I I.

Dans les séances publiques, il ne

sera rien lu qui n'ait été approuvé par une commission de cinq membres, nommés par le sort et renouvelés pour chaque séance publique. La même commission fixera l'ordre des lectures.

Adopté et arrêté par la seconde classe de l'Institut, dans sa séance du mercredi 18 ventose an 11.

Signé, LUCIEN BONAPARTE, *président*; SUARD, *secrétaire perpétuel.*

Le premier Consul a approuvé le règlement arrêté le 18 ventose par la seconde classe de l'Institut.

Par ordre,

Le secrétaire d'État,

Signé, Hugues-B. MARET.

7.

EXTRAIT

Du registre de la Classe de la langue et de la littérature françaises, du mercredi 7 floréal an 11.

Le président a fait lecture à la classe d'une lettre qui lui a été adressée par le ministre de l'intérieur, en date du 6 floréal, et dont copie est inscrite au procès-verbal.

La discussion ayant été ouverte sur l'objet de cette lettre, la classe a déclaré qu'elle avoit précédemment émis un vœu conforme à l'opinion exposée par le ministre, que l'arrêté du Gouvernement du 3 pluviose laissoit à chaque classe le droit de disposer, comme elle le jugeroit plus convenable, des fonds particuliers qui lui sont assignés pour le traitement de ses membres. La classe persistant dans le même sentiment, a arrêté de procéder sans délai, conformément à l'invitation du ministre, à la formation des articles de règlement supplémentaire, propres à remplir le but que s'étoit proposé l'Institut dans les articles XV, XVI, XVII et XVIII de son règlement général.

Après une discussion préalable, les trois articles suivans ont été successivement mis aux voix et adoptés.

1°. Sur la somme annuelle de quinze cents francs, assignée pour chacun des membres de la classe par l'article XI de l'arrêté du Gouvernement, du

3 pluviose an 11 , il sera distrait une somme de trois cents francs pour former le fonds du droit de présence accordé à chacun des membres de la classe qui assisteront aux séances particulières.

2°. Le droit d'assistance des absens accroîtra à ceux qui seront présens à la séance.

3°. Il sera prélevé sur les douze cents francs restans à chaque membre une somme de deux cents francs, faisant la somme de huit mille francs, dont il sera formé huit pensions, de mille francs chacune. Ces pensions seront offertes aux huit membres les plus âgés, qui ne pourront les refuser qu'en déclarant qu'ils jouissent de plus de six mille francs de revenu fixe, indépendamment du traitement qu'ils tiennent de l'Institut.

Le président est prié de présenter les trois articles du règlement supplémentaire à l'approbation du premier Consul.

Certifié conforme,

Le secrétaire perpétuel.

Signé, SUARD.

Le premier Consul a approuvé le règlement ci-dessus.

Par ordre,

Le secrétaire d'État.

Signé, Hugues-B. MARET.

A Saint-Cloud, le 19 floréal.

7 *

EXTRAIT

Des registres de la Classe de la langue et de la littéra-ture françaises, du mer-credi 8 thermidor an 11.

RÈGLEMENT

DE POLICE INTÉRIEURE.

Lorsqu'un membre élu ne se sera pas fait recevoir dans les trois mois qui auront suivi sa nomination, les autres membres nommés postérieu-

rement pourront être admis à pro-
noncer leur discours de réception.

Séance du mercredi 4 pluviose an 12.

RÈGLEMENT

*RELATIF à l'impression des ou-
vrages que la Classe publie.*

ARTICLE PREMIER.

TOUT manuscrit destiné à l'impression par la classe sera remis par
le secrétaire perpétuel à l'imprimeur
de l'Institut, qui suivra exactement
les instructions qui lui seront données de la part de la classe pour
l'impression et la distribution de ces
écrits.

I I.

L'imprimeur recevra ainsi des mains du secrétaire perpétuel les discours et pièces de vers auxquels les prix auront été adjugés; il se conformera à un précédent arrêté de la classe qui l'autorise à en tirer seulement trois cents exemplaires, lesquels seront remis au secrétaire perpétuel pour en faire faire la distribution suivant les intentions de la Compagnie. L'imprimeur ne s'en réservera et n'en distribuera aucun exemplaire, à moins qu'il n'ait fait un arrangement avec l'auteur de la pièce couronnée, qui restera le maître de faire imprimer son ouvrage par tel imprimeur qu'il lui plaira de choisir.

I I I.

Lorsqu'il y aura une réception d'un nouveau membre, le discours du récipiendaire et celui du président seront également remis par le secrétaire perpétuel à l'imprimeur, qui sera tenu de les imprimer au terme qui lui sera indiqué, et d'en remettre au secrétaire le nombre d'exemplaires fixé pour la distribution qui doit en être faite. L'imprimeur sera autorisé à en tirer pour son propre compte le nombre d'exemplaires qui lui conviendra ; mais il ne pourra en distribuer aucun lui-même avant le moment qui lui sera prescrit par le secrétaire perpétuel.

I V.

Lorsque les épreuves des discours

de réception auront été revues et corrigées par les auteurs, l'imprimeur sera tenu d'envoyer les dernières épreuves au secrétaire perpétuel, et de suivre exactement les corrections et changemens qui lui seront indiqués.

V.

L'imprimeur se conformera aux mêmes règles pour l'impression et la distribution de tout ce dont il sera chargé par la classe.

Il sera donné communication du présent règlement à l'imprimeur de l'Institut.

Certifié conforme aux procès-verbaux de la classe,

Signé, SUARD, *secrétaire perpétuel.*

ARTICLES

DE

RÈGLEMENT

Arrêtés par la Classe d'histoire et de littérature ancienne de l'Institut national, dans sa séance du 27 ventose an 11.

ARTICLE PREMIER.

La classe d'histoire et de littérature ancienne de l'Institut national élira, dans la séance du premier vendredi de chaque année, parmi les membres qui la composent, un président et un vice-président. Cette élection se fera au scrutin et à la majorité absolue des voix. Le président et le vice-président entreront immédiatement en fonctions; la durée de la présidence et de la vice-présidence sera d'un an.

II.

Le président et le vice-président ne pourront être réélus aux mêmes fonctions qu'après un an d'intervalle, ce qui n'empêchera point que le vice-président sortant de fonctions ne puisse être élu président.

III.

Tous les ans, et dans la même séance, il sera procédé pareillement, par scrutin et à la même majorité, à la nomination d'un membre de la commission administrative de l'Institut.

I V.

Lorsqu'il y aura lieu de procéder à la nomination d'un secrétaire perpétuel, l'assemblée sera convoquée par billets, et toutes les formalités qui seront prescrites ci-après pour les élections aux places vacantes de membres de la classe seront observées pour l'élection d'un secrétaire perpétuel ; mais, dans cette dernière élection, la majorité ne sera acquise que par la réunion des deux tiers au moins des suffrages.

V.

Le bureau sera composé du président, du vice-président, et du secrétaire perpétuel.

8

V I.

En cas d'absence des deux premiers membres du bureau, ils seront remplacés par le président ou le vice-président de l'année précédente. A défaut de l'un et de l'autre, l'assemblée sera présidée par le doyen d'âge.

V I I.

Lorsque, pour cause de maladie, ou autre motif légitime, le secrétaire perpétuel ne pourra se rendre à l'assemblée, il se fera remplacer, pour tenir le registre dont il sera parlé ci-après, et pour remplir ses autres fonctions, par tel autre membre de la classe qu'il jugera à propos. Le secrétaire perpétuel en donnera avis à la classe.

VIII.

Le président maintiendra l'ordre et l'exécution des règlemens dans les assemblées de la classe : il veillera à ce que, dans les occasions où quelques-uns de ses membres seront d'opinions différentes, ils ne se permettent aucune personnalité, et n'emploient aucun terme offensant l'un contre l'autre, soit dans leurs discours, soit dans leurs écrits. Dans le cas où quelqu'un des membres de la classe s'écarteroit de cette règle, le président le rappellera à l'exécution du règlement.

IX.

Le secrétaire perpétuel recueillera en substance tout ce qui aura été proposé, discuté, examiné et résolu dans chaque assemblée, et l'écrira sur son registre; il signera tous les actes, extraits et rapports que la classe jugera à propos de faire délivrer; et il donnera, à la tête de chacun des volumes des Mémoires que la classe publiera, l'histoire de ce qui se sera fait de plus remarquable dans ses assemblées. Il fera aussi des notices historiques de la vie et des travaux des membres de la classe qui seront décédés.

X.

Tous les membres de la classe seront tenus de concourir à ses travaux. Il sera fait deux lectures de chacun des Mémoires qui seront présentés à la classe; et, lors de la seconde lecture, chacun pourra faire des observations sur ce qui aura été lu. Il sera fait mention des ouvrages lus dans chaque séance sur le registre qui sera tenu par le secrétaire perpétuel.

X I.

Les sciences morales et politiques, dans leur rapport avec l'histoire, formant un des objets des travaux de la classe, ceux de ses membres qui s'occuperont de recherches relatives à ces sciences éviteront dans leurs Mémoires toutes les discussions historiques, religieuses ou politiques, qui, par leur objet, ou par la proximité des temps, pourroient altérer l'harmonie qui doit régner entre les membres de la classe.

X I I.

Le recueil des travaux de la classe sera publié sous le titre de, *Mémoires*

8 *

*de l'Institut national, classe d'his-
toire et de littérature ancienne.*

XIII.

Aucun des Mémoires présentés à
la classe pour être insérés dans son
recueil, et qui auront été lus dans
ses séances, ne pourra être imprimé
séparément, avant qu'il ait été publié dans le recueil des Mémoires
de la classe, sans son consentement,
dont il sera fait mention sur le
registre; et il en sera délivré un
certificat à l'auteur.

XIV.

Les Mémoires qui auront été pu-
bliés séparément ne pourront occuper une place dans le recueil de
la classe, sans son autorisation spéciale.

X V.

Une commission de cinq personnes sera chargée de déterminer le choix des Mémoires qui devront entrer , soit en entier, soit par extrait seulement, dans le recueil des Mémoires de la classe. Cette commission sera nommée au scrutin et à la majorité absolue ; elle sera renouvelée à l'impression de chaque volume des Mémoires.

X V I.

La classe nommera chaque année une commission de huit personnes pour surveiller la continuation du recueil des Notices et extraits des manuscrits, de la Collection des historiens de France, du recueil des Chartes et des ordonnances du Louvre, ainsi que des autres travaux historiques ou littéraires dont la classe pourra être chargée.

XVII.

Un mois avant la séance publique, fixée au premier vendredi du mois de germinal de chaque année, la classe déterminera, entre les Mémoires qui lui auront été présentés dans ses séances pendant le cours de l'année, ceux qui devront être lus dans la prochaine assemblée publique. Aucun autre mémoire que ceux qui auront été ainsi choisis ne pourra y être lu. Sont exceptées de cette disposition les notices historiques rédigées par le secrétaire perpétuel, lesquelles seront lues de droit, et sans aucune communication préalable, dans les assemblées publiques. Le bureau

déterminera l'ordre des lectures, et
la durée de chacune d'elles.

XVIII.

Le jugement des Mémoires qui
seront envoyés au concours pour les
prix que la classe devra adjuger
sera confié à une commission formée
de quatre commissaires au moins,
et d'un plus grand nombre quand
la classe le jugera à propos. Le jugement porté par ces commissaires,
réunis aux membres du bureau, sera
adopté par la classe.

XIX.

Toutes les fois qu'il y aura lieu
à une nomination de commissaires,
elle sera faite au scrutin et à la
majorité relative, hors les cas ci-
devant prévus, et à moins que, par

une délibération spéciale, la classe n'en décide autrement. Lors du renouvellement d'une commission, les mêmes commissaires pourront être réélus.

X X.

Les membres du bureau pourront assister à toutes les commissions, et ils y auront voix délibérative.

X X I.

Dans la même séance où une commission aura été nommée, le président, d'accord avec les commissaires, déterminera le jour et l'heure de leur réunion, qui ne pourra jamais avoir lieu pendant les séances de la classe.

X X I I.

Les commissions s'assembleront

dans une des salles de l'Institut national.

XXIII.

Si un des jours de séance de la classe se trouve occupé par une fête, la séance sera avancée au jeudi immédiatement précédent; et les membres de la classe en seront prévenus par billets.

XXIV.

Quand une place de membre de la classe viendra à vaquer, dans le cours du mois qui suivra la notification de cette vacance la classe délibérera, par la voie du scrutin et à la majorité absolue, s'il y a lieu ou non de procéder à la remplir. Si la classe est d'avis qu'il n'y a point lieu d'y procéder, elle déli-

8.

bérera de nouveau sur cet objet six mois après, et ainsi de suite.

X X V.

Lorsqu'il sera arrêté qu'il y a lieu de procéder à l'élection, la classe déterminera le jour auquel l'assemblée devra être convoquée par billets à cet effet : aucune élection ne pourra être faite que dans une séance ordinaire.

X X V I.

Il sera procédé à l'élection au jour indiqué, si les deux tiers au moins des membres de la classe, non compris ceux qui seroient absens par mission du Gouvernement ou de l'Institut, se trouvent présens.

X X V I I.

Si la première convocation ne produit pas la réunion requise des deux tiers des membres de la classe, l'assemblée sera convoquée de nouveau, par billets, à la huitaine, auquel jour il sera procédé à l'élection, quel que soit le nombre des membres présens.

X X V I I I.

L'élection sera faite par la voie du scrutin et à la majorité absolue ; et, dans ce cas, ainsi que dans tous ceux où la majorité absolue est exigée, elle ne sera acquise que par la réunion de plus de la moitié des suffrages.

X X I X.

Si la majorité absolue n'est point acquise par un premier et un second tour de scrutin, il sera procédé au ballottage entre les deux noms qui, dans le second scrutin, auront ob-

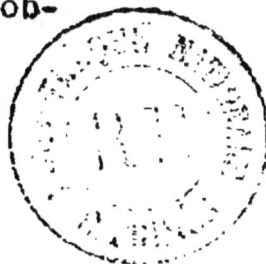

tenu le plus grand nombre de suffrages ; et, dans le cas où plusieurs
noms auroient réuni le même nombre
de suffrages, en sorte qu'aucun d'eux
n'auroit la majorité relative, le scrutin sera réitéré jusqu'à ce que deux
noms se trouvent avoir cette majorité. Si les deux noms ballottés ob-
tenoient un nombre de suffrages égal,
le ballottage sera réitéré dans la
même séance, jusqu'à ce que l'un
des deux noms réunisse la majorité
requise.

X X X.

Nul ne pourra être élu membre de
la classe, s'il n'est Français, âgé de
vingt-cinq ans au moins, et avan-
tageusement connu par quelque ouvrage dans le genre des travaux dont
la classe doit essentiellement s'occuper.

X X X I.

Les formalités prescrites par les articles XXI, XXV, XXVI, XXVII, XXVIII et XXIX seront également observées pour les élections aux places d'associés étrangers et de correspon‑ dans.

X X X I I.

Aucune personne, hors les mem‑ bres de l'Institut et les correspon‑ dans, ne pourra assister aux assem‑ blées ordinaires de la classe, si elle n'y est admise par le président, ou par le secrétaire perpétuel.

Les correspondans de la classe auront séance parmi ses membres.

Certifié conforme,

Le secrétaire perpétuel,

Signé, DACIER.

Le premier Consul a approuvé les

articles de règlement arrêtés par la classe d'histoire et de littérature ancienne de l'Institut national.

Par ordre,

Le secrétaire d'État.

Signé, HUGUES-B. MARET.

2 germinal an 11.

EXTRAIT

Du registre de la Classe d'histoire et de littérature ancienne, du vendredi 9 floréal an 11.

LE secrétaire perpétuel communique à la classe une lettre du ministre de l'intérieur, transcrite en entier sur le registre, par laquelle il déclare que les articles XV, XVI, XVII et XVIII du titre II du règlement arrêté par l'Institut dans ses séances générales des 10 et 17 germinal dernier, lui ayant paru contraires à l'arrêté du 3 pluviose, dont *l'exécution lui est confiée*, attendu que l'Institut ne peut fixer le droit de présence pour

9 *

chaque classe, ni disposer de l'indemnité de 1500 fr. que l'arrêté du 3 pluviose accorde à chaque membre, il
n'a pas cru devoir soumettre ce règlement à la sanction du Gouvernement, et *invite la classe à délibérer
sur le mode qui lui paroîtra le plus
propre à remplir le but que s'étoit
proposé l'Institut dans les articles
XV, XVI, XVII et XVIII de son
règlement général, et à proposer à
l'approbation du premier Consul le
résultat de sa délibération.* La classe,
après avoir délibéré sur ces articles,
persiste à penser qu'ils offrent le mode
le plus propre à remplir son but, et
arrête en conséquence, à la majorité
absolue des suffrages recueillis au
scrutin,

1°. Que sur la somme de 1500 fr.
assignée pour chacun des membres

de la classe par l'article XI de l'arrêté du Gouvernement du 3 pluviose an 11, il sera distrait une somme de 300 fr. pour former le fonds du droit de présence accordé à chacun des membres qui assisteront aux séances générales et publiques, ainsi qu'aux séances particulières.

2°. Que le droit d'assistance des absens accroîtra à ceux qui seront présens à la séance.

3°. Que le traitement ou indemnité sera suspendu à l'égard des membres de la classe fonctionnaires publics, qui, en cette qualité, jouiront pour traitement de la somme de 10,000 fr. et au-dessus, de manière que, pendant toute la durée de cette jouissance, ils recevront seulement leur part dans les droits de présence.

4°. Que le montant des traitemens ou indemnités suspendus sera distribué entre les membres de la classe âgés de 60 ans, et sur lesquels ne porte pas la suspension prononcée par l'article précédent.

La classe arrête de plus que ces articles seront soumis par son président à la sanction du Gouvernement, et feront partie de son règlement particulier.

Certifié conforme,

Le secrétaire perpétuel.

Signé, DACIER.

Le premier Consul a approuvé le règlement ci-dessus.

Par ordre,

Le secrétaire d'Etat.

Signé, HUGUES-B. MARET.

A Saint-Cloud, le 26 Floréal.

RÈGLEMENT

Arrêté par la Classe des Beaux-Arts de l'Institut national.

ARTICLE PREMIER.

LA classe des beaux arts aura un président et un vice-président, choisis parmi ses membres.

Elle nommera, chaque année, dans sa seconde séance de vendémiaire, et à la majorité absolue, un vice-président. Il sera président l'année suivante, et ne pourra être immédiatement réélu,

I I.

La classe nommera chaque année, dans la même séance, et à la majorité absolue, un membre de la commission administrative : il ne pourra être immédiatement réélu.

I I I.

Le président, le vice-président, le secrétaire perpétuel, le membre de la commission administrative, et un cinquième membre qui sera élu annuellement et à la majorité absolue, formeront un comité chargé de l'emploi des fonds de la classe, de la publication de ses travaux, et de préparer ses séances générales et publiques.

IV.

Dans le mois qui suivra l'annonce de la vacance d'une place de membre, la classe délibérera s'il y a lieu ou non de le remplacer, après avoir entendu sur ce sujet le rapport de la section dans laquelle la place sera vacante.

Si la classe juge qu'il n'y a pas lieu de remplacer, elle délibérera de nouveau et de la même manière, sur le même sujet, six mois après, et ainsi de suite.

Lorsque la classe aura arrêté qu'il y a lieu de procéder au remplacement, tous les membres seront convoqués pour la séance suivante. La section dans laquelle la place sera vacante présentera trois candidats au moins, dans l'ordre de préférence qu'elle leur accorde.

Le mérite des candidats présentés

par la section sera discuté par la classe, qui pourra ajouter à la liste de présentation de nouveaux candidats, pourvu qu'ils obtiennent la majorité absolue des votes.

Dans la séance qui suivra cette discussion, et pour laquelle tous les membres seront de nouveau convoqués, si les deux tiers sont présens l'on procédera à l'élection par la voie du scrutin, qui sera conduit de la manière suivante :

Si le premier tour ne donne pas de majorité absolue, on procédera à un second ; s'il n'en résulte point encore de majorité absolue, on fera un scrutin de ballottage entre les deux candidats qui auront réuni le plus de votes.

Si un seul ayant plus de suffrages que tous les autres sans avoir la majorité absolue, il s'en trouvoit deux ou plusieurs qui eussent un nombre égal de suffrages, le scrutin de ballottage se fera d'abord entre ceux-ci, jusqu'à ce que l'un d'eux soit supérieur aux autres en suffrages obtenus ; et ce dernier sera ballotté ensuite avec celui qui aura eu le premier la majorité relative.

Si les suffrages se trouvoient partagés également entre deux candidats, on tirera au sort trois des membres présens, qui détermineront (par un scrutin entre eux) le choix entre les deux candidats.

V.

Le mode d'élection qui précède sera suivi pour celle du secrétaire perpétuel, avec la différence que la classe ne délibérera pas s'il y a lieu ou non d'élire.

V I.

Le même mode aura lieu encore pour l'élection des associés étrangers et des correspondans.

Mais lorsqu'il s'agira de nommer à une place d'associé étranger, la classe nommera d'abord, à la majorité relative, cinq membres, qui tiendront lieu de section, pour la présentation des candidats.

V I I.

Aucun membre ne pourra s'absenter plus d'une année sans l'autorisation de la classe, à moins qu'il n'ait une mission du Gouvernement.

V I I I.

La classe proposera et distribuera

annuellement des grands prix de peinture, de sculpture, d'architecture, de gravure et de composition musicale.

Certifié conforme,

Le secrétaire perpétuel,

Signé, Joachim Le Breton.

Le premier Consul a approuvé le règlement dont le projet a été arrêté par la classe des beaux arts de l'Institut national.

Par ordre,

Le secrétaire d'État,

Signé, Hugues-B. Maret.

Saint-Cloud, le 29 germinal an 11.

Certifié conforme,

Le secrétaire perpétuel,

Signé, Joachim Le Breton.

EXTRAIT

Du procès-verbal de la séance de la Classe des beaux arts de l'Institut national, du samedi 10 floréal an 11.

La classe des beaux arts, après avoir délibéré sur la lettre du ministre de l'intérieur, relative à la répartition de l'indemnité et du droit de présence des membres, arrête :

1°. Que chacun de ses membres touchera, aux termes de l'arrêté du Gouvernement du 3 pluviose dernier, l'indemnité entière de 1,500 francs, attribuée à chaque membre, sauf la portion de cette somme qui sera répartie en droits de présence.

2°. Que la somme à répartir en

droits de présence sera, comme par le passé, de 300 fr. pris sur chaque traitement, et que la distribution en sera faite entre les seuls membres dont la présence aura été constatée de la manière accoutumée.

Ces deux articles seront soumis à l'approbation du Gouvernement, comme devant faire partie du règlement de la classe des beaux arts.

Certifié conforme,

Le secrétaire perpétuel,

Signé, Joachim LE BRETON.

Le premier Consul a approuvé le règlement ci-dessus.

Par ordre,

Le secrétaire d'État,

Signé, Hugues-B. MARET.

Certifié conforme,

Le secrétaire perpétuel,

Signé, Joachim LE BRETON.

10 *

Paris, le 17 floréal an 11.

LE MINISTRE

DE L'INTÉRIEUR,

Au citoyen Joachim LE BRETON, secrétaire perpétuel de la classe des beaux arts de l'Institut national.

LA classe des sciences physiques et mathématiques ayant consenti, citoyen secrétaire, à rendre publique sa première séance de messidor, il n'est aucun inconvénient à ce que vous rendiez publique votre première séance de vendémiaire. Les motifs qui vous ont déterminé à proposer cette interversion sont tous pris dans l'intérêt des beaux arts, et le Gouvernement ne peut qu'approuver le nouvel ordre que vous avez arrêté. Je vous prie d'en prévenir la première classe, pour qu'elle puisse préparer à temps sa séance publique.

J'ai l'honneur de vous saluer.

Signé, CHAPTAL.

Pour copie conforme,

Le secrétaire perpétuel,

Signé, Joachim LE BRETON.

DES CONCOURS

Pour les grands prix de peinture, sculpture, architecture, gravure, et de composition musicale.

La classe des beaux arts de l'Institut national donne les sujets de concours pour les grands prix de peinture, sculpture, architecture, gravure, et de composition musicale. Elle dirige et juge ces concours, et décerne les prix dans sa séance publique annuelle, conformément à l'article XIII de l'arrêté du Gouvernement du 3 pluviose an 11.

Ceux qui obtiennent ces grands prix sont envoyés aux frais de l'État à l'École française des beaux arts à Rome.

Les concours pour ces grands prix commencent, chaque année, dans les derniers jours de ventose, se continuent et se succèdent jusqu'aux jours complémentaires.

Il y a, pour chacun des cinq grands prix, divers concours d'essai avant le concours définitif.

CONCOURS

Pour le grand prix de peinture.

LE professeur en exercice dans l'École commence par donner un sujet d'esquisse à dessiner ou à peindre. Cette esquisse doit être exécutée dans le jour. Le lendemain la classe des beaux arts admet au concours du second degré tous ceux qui ont fait preuve de quelque talent dans le premier concours.

Le second concours consiste dans une figure académique peinte, et qui doit aussi être faite dans le jour. C'est sur cette figure et sur l'esquisse précédente que la classe choisit huit des concurrens, au plus, pour le concours définitif.

Au jour indiqué par elle pour ce concours, la classe des beaux arts s'assemble extraordinairement, à six heures du matin, pour donner un sujet de tableau (1).

Lorsqu'elle a adopté ce sujet au

_____

(1) L'esquisse de ce sujet devant être faite et arrêtée dans le jour, et les concurrens ne pouvant point en changer la disposition dans l'exécution du tableau, il est nécessaire que le sujet soit donné de très-bonne heure.

scrutin, l'on en rédige aussitôt le programme, et il en est fait autant de copies manuscrites qu'il y a de concurrens; des commissaires pris dans l'assemblée vont , accompagnés du secrétaire perpétuel, les porter aux écoles. Le secrétaire perpétuel donne lecture du programme aux concurrens réunis, qui entrent en loges pour en faire l'esquisse. Le soir, le professeur prend un calque de chaque esquisse , et y appose un cachet pour constater la composition originale qui doit servir de type à chaque tableau. Les concurrens procèdent immédiatement après à l'exécution de ce tableau, dont les proportions sont de 146 sur 114 centimètres (4 pieds ½ sur 3 ½).

Les peintres ont environ soixante-dix jours pour l'exécution de ce tableau.

CONCOURS

Pour le grand prix de sculpture.

Toutes les dispositions relatives aux concours du grand prix de peinture s'appliquent aux deux concours d'essai, ainsi qu'au concours définitif pour le grand prix de sculpture. Le professeur de l'école donne aussi le premier sujet. Au lieu d'esquisses peintes, ce sont des esquisses modelées. L'on choisit de même parmi tous les concurrens huit sculpteurs, au plus, pour le concours définitif, dont le sujet est proposé, discuté et adopté au scrutin par la classe des beaux arts, dans une séance extraordinaire du matin, comme le sujet du prix de peinture, et remis aux concurrens assemblés par des commissaires et le secrétaire perpétuel.

Pour constater l'esquisse modelée qui doit servir de type, le professeur l'arrête le soir même et la fait mouler. Le concours définitif de sculpture est exécuté en bas-relief, dans les proportions de 146 sur 114 centimètres (4 pieds $\frac{1}{2}$ sur 3 $\frac{1}{2}$).

Les sculpteurs ont, comme les peintres, environ soixante-dix jours pour ce dernier concours.

CONCOURS

Pour le grand prix d'architecture.

Les concours pour le grand prix d'architecture s'ouvrent également par un concours d'essai, destiné à faire connoître ceux des élèves qui ont la capacité suffisante pour être admis au concours définitif. Ce concours a lieu, le premier prairial, sur un programme donné par le professeur. L'esquisse doit en être faite dans le jour.

Le lendemain matin, la classe des beaux arts choisit parmi ces esquisses celles qui ont le mieux rempli les données du programme, et leurs auteurs, ainsi que les élèves qui ont remporté pendant l'année des prix d'émulation dans l'école, sont seuls admis à continuer le concours. La totalité des élèves admis ainsi ne peut point excéder le nombre de trente.

Le concours définitif commence le 5 prairial suivant. La classe des beaux arts s'assemble encore ce jour-là, à six heures du matin, pour choisir le sujet du grand prix, en rédiger le programme, et le remettre de bonne heure aux concurrens réunis à l'École d'architecture. L'esquisse en est faite dans le jour, et le lendemain la classe des beaux arts procède au choix des huit meilleures que leurs auteurs sont reçus à développer et dessiner en grand, sur l'échelle fixée par le programme.

Il leur est accordé, pour ce dernier travail, environ trois mois.

Le terme du concours étant expiré, les plans ou dessins des huit concurrens, après avoir été publiquement exposés, sont jugés définitivement par la classe des beaux arts, dans les premiers jours de vendémiaire. Elle décerne deux prix : un grand prix, qui donne droit à une place de pensionnaire dans l'École française des beaux arts à Rome, et un second prix, qui consiste en une médaille.

CONCOURS

Pour le grand prix de gravure.

A dater de l'an 12, il y aura tous les deux ans un grand prix pour la gravure en taille douce, et à dater de l'an 13 il y aura de même, tous les deux ans, alternativement, un grand prix pour la gravure en médailles ou en pierres fines.

Les concours d'essai pour la gravure en taille douce consistent à dessiner deux figures, l'une d'après l'antique, et l'autre d'après nature, ainsi que dans l'examen d'une gravure de chaque concurrent.

Ceux qui sont admis, sur ces deux dessins, à entrer en loges pour le concours définitif, y gravent la figure qu'ils ont dessinée d'après nature. Ils ont deux mois et demi pour ce travail.

Pour la gravure en médailles et en pierres fines, les concurrens font d'abord une esquisse sur un sujet donné; ils modèlent ensuite une figure de la proportion d'environ 50 centimètres sur 36 (18 pouces $\frac{1}{2}$ sur 13).

Le concours qui succède consiste à faire dans le jour l'esquisse du sujet que la classe des beaux arts a donné le matin. C'est ce sujet qui doit être gravé sur acier ou sur pierres fines, pour le concours définitif.

Les concurrens ont quatre-vingt-dix jours pour ce dernier concours. Ils ne peuvent rien changer, dans le cours du travail de la gravure, à leur esquisse arrêtée par la classe des beaux arts.

11 *

CONCOURS

Pour le grand prix de composition musicale.

Le concours pour le grand prix de composition musicale embrasse la musique comme science et comme art; c'est-à-dire qu'étant une science par sa théorie et un art par sa pratique, le concours a pour objet de faire connoître et le savoir et les dispositions des concurrens, sous ces deux rapports.

Ainsi on les examine d'abord sur l'harmonie, le contrepoint et la fugue, pour juger à quel degré ils possèdent la partie scientifique de la musique; ensuite on leur fait composer une scène dramatique, afin de connoître quels sont leurs moyens, leurs dispositions, pour vivifier l'harmonie par la mélodie, et pour caractériser la mélodie par le sentiment et la pensée.

Les concurrens ont donc à composer :

1°. Un contrepoint double, à l'octave, et à quatre parties.

2°. Un contrepoint double, à la douzième, et à quatre parties.

3°. Un contrepoint triple ou quadruple, à trois ou quatre parties.

4°. Une fugue, selon les règles sévères, à deux ou trois sujets, et à quatre voix.

5°. Une scène dramatique, composée d'un récitatif obligé, d'un *cantabile* suivi d'un récitatif simple, et terminé par un air de mouvement et d'un caractère prononcé.

Les paroles de la scène sont proposées par la section de musique, et adoptées par la classe. Les concurrens peuvent déployer dans cette scène toutes les richesses de l'harmonie et de la mélodie, et tout le luxe d'un orchestre complet.

La section de musique donne le *canto fermo* sur lequel sont composées les trois espèces de contrepoint, en notes rondes. Les contrepoints et le *canto fermo* doivent être transportés alternativement à chacune des parties.

La section de musique donne de même le sujet de la fugue. Les concurrens peuvent accompagner les quatre parties vocales de la fugue par quatre parties instrumentales.

Le concours commence le 2 fructidor, et doit se terminer le 25. Les concurrens doivent être Français ou naturalisés, et n'avoir pas plus de trente ans (1).

DISPOSITIONS GÉNÉRALES

Relatives aux concours pour les cinq grands prix, et aux pensionnaires qui les ont obtenus.

Une surveillance rigoureuse est établie pour empêcher toute commu-

―――――――――――

(1) Aux concours de peinture, sculpture et architecture, l'on a quelquefois admis des étrangers. Ces concours et les règlemens qui les concernent sont anciens, et comme rien ne déroge dans les nouveaux règlemens à cette faculté permise aux étrangers, elle leur reste encore; mais, comme autrefois aussi, s'ils peuvent concourir avec des Français pour l'honneur du prix, ils ne sont point habiles à la pension, ni au titre d'élèves de l'École de France à Rome.

nication capable d'altérer la fidélité, l'intégrité des concours.

Ils sont tous jugés successivement, dans l'ordre où ils se suivent, chacun dans une séance particulière de la classe des beaux arts, et à la majorité des suffrages recueillis au scrutin. Chaque concours définitif est exposé publiquement pendant trois jours avant le jugement.

— Ceux qui remportent les grands prix de peinture, sculpture, architecture, gravure, ou de composition musicale, vont, comme on l'a dit, aux frais de l'État, passer cinq ans à l'École française des beaux arts à Rome, où ils trouvent réunis tous les moyens d'étude propres à développer leur talent. Pour que la classe des beaux arts de l'Institut puisse juger de leurs progrès et leur donner, au besoin, des avis, le directeur de l'École de Rome lui envoie tous les ans des études ou des ouvrages propres à faire connoître la nature et le degré de talent de chaque pensionnaire.

Pendant les trois premières années, ce sont, pour les peintres, les sculpteurs et les architectes, des études peintes, modelées ou dessinées, qu'on envoie à la classe.

La quatrième année, chaque peintre pensionnaire est tenu d'envoyer la copie d'un tableau d'un grand maître, à son choix, et la cinquième année un tableau, de sa composition, de plusieurs figures de grandeur naturelle.

Les sculpteurs sont tenus de même, la quatrième année, à une copie (en marbre) d'une statue antique, à leur choix, et, l'année suivante, à une statue de leur composition (en modèle), de grandeur naturelle, et nue.

L'envoi des pensionnaires architectes consiste, la quatrième année, en dessins géométraux d'un monument antique d'Italie, à leur choix, levés et faits d'après nature. Ils y joignent les dessins arrêtés de la restauration de ce monument, telle qu'ils l'ont conçue, un précis historique sur son antiquité, et les détails des parties les plus intéressantes.

Ils sont tenus, la dernière année de leur séjour en Italie, à envoyer les projets d'un monument public, de leur composition et convenable à la France. Les dessins de ces projets sont ce qu'on appelle terminés, et représentent les coupes, les élévations, et des détails de construction.

Les graveurs qui ont remporté le grand prix de leur art sont tenus par le règlement que la classe a fait, et qui a été approuvé, pour l'exécution, par le ministre de l'intérieur ; savoir, les graveurs en taille douce, à commencer, dès la première année de leur séjour à Rome, la gravure d'un tableau de deux figures au moins, dans les dimensions de 50 centimètres sur 36 (environ 18 pouces $\frac{1}{2}$ sur 13). Ils envoient aussi des études.

Les graveurs tant en médailles qu'en pierres fines joignent aux études qu'ils envoient un coin ou une pierre fine, gravés d'après l'antique. Dans les deux dernières années, les graveurs en médailles feront pour le Gouvernement français une médaille avec son revers, et les graveurs en pierres fines une pierre gravée en creux et

12

une autre en relief. Les pierres et les coins leur seront fournis aux frais du Gouvernement, ainsi que le marbre aux sculpteurs, pour la copie à laquelle ils sont tenus.

La propriété des ouvrages envoyés, pendant les trois premières années, par chaque pensionnaire, leur reste. Il y a quelques modifications pour les ouvrages des deux dernières années ; elles sont spécifiées dans le règlement particulier de l'École de France à Rome.

Les compositeurs qui ont remporté le grand prix de composition musicale sont tenus d'envoyer à la classe des beaux arts :

1°. L'analyse des principaux ouvrages d'un grand maître italien, en commençant par Palestrina, fondateur de l'école italienne.

2°. Une scène italienne de leur composition, dont les paroles seront prises dans Métastase.

3°. Une scène française dont les paroles seront données par la classe des beaux arts.

4°. Un morceau de musique d'église, à quatre parties, la première année; à cinq, la seconde; à six, la troisième; à sept parties, la quatrième; à huit, la cinquième et dernière année.

5°. Les pensionnaires musiciens recueilleront dans toutes les villes d'Italie où ils séjourneront quelque temps les airs populaires les plus anciens, en s'appliquant à la recherche des particularités traditionnelles qui pourront servir à en expliquer l'origine et l'usage. Ces recherches serviront aussi de matière à une notice historique qui sera placée à la tête de chaque recueil.

6°. A l'expiration de la première année de leur départ de France, ils ne pourront plus correspondre avec le bureau de la classe des beaux arts qu'en langue italienne.

7°. Les pensionnaires musiciens pourront quitter Rome pour résider et étudier dans les villes d'Italie qui offrent des ressources à leur art par la variété des genres et du goût; mais la classe des beaux arts de l'Institut ne déterminera l'époque et la durée de ce déplacement que d'après un rapport de la section de musique sur les caractères du talent de chaque compositeur.

Ce règlement et ceux qui sont relatifs aux prix nouveaux de gravure, de composition musicale, et à l'examen par la classe des beaux arts des travaux des pensionnaires de l'École de Rome, ont été approuvés, pour leur exécution, par le ministre de l'intérieur, ainsi que le constatent les pièces qui suivent.

Pour extrait conforme,

Le secrétaire perpétuel,

Signé, Joachim LE BRETON.

4ᵉ jour complémentaire an 11.

LE MINISTRE

DE L'INTÉRIEUR,

Au citoyen Joachim LE BRETON,
secrétaire perpétuel de la classe
des beaux arts de l'Institut na-
tional.

J'AI reçu, citoyen secrétaire, la
lettre par laquelle vous me faites part
des représentations adressées au premier Consul par la classe des beaux
arts, relativement à l'omission d'un
grand prix de gravure qui a été faite
dans l'arrêté du Gouvernement du
3 pluviose an 11. Je vous annonce

avec plaisir que le premier Consul a
bien voulu accueillir favorablement
la demande de la classe des beaux
arts, en accordant un grand prix de
gravure, et j'approuve, citoyen secrétaire, le règlement que vous m'avez
transmis pour le concours du grand
prix de cet art, et pour diriger les
travaux des artistes qui, l'ayant obtenu, seront envoyés à l'École française des beaux arts à Rome.

J'ai l'honneur de vous saluer.

Signé, CHAPTAL.

Pour copie conforme,

Le secrétaire perpétuel,

Signé, Joachim LE BRETON.

Le 12 floréal an 12.

LE MINISTRE

DE L'INTÉRIEUR,

Au citoyen Joachim LE BRETON, secrétaire perpétuel de la classe des beaux arts de l'Institut national.

J'AI reçu avec votre lettre, citoyen secrétaire, le règlement fait par la classe des beaux arts de l'Institut pour diriger dans leurs études les musiciens compositeurs, pensionnaires à l'École de Rome. J'ai approuvé toutes les dispositions de ce règlement, et je me suis empressé de le faire passer au directeur de l'École française des beaux arts à Rome pour qu'il en suive l'exécution.

J'ai l'honneur de vous saluer.

Signé, CHAPTAL.

Pour copie conforme,

Le secrétaire perpétuel,

Signé, Joachim LE BRETON.

29 messidor an 12.

LE MINISTRE

DE L'INTÉRIEUR,

Au secrétaire perpétuel de la classe des beaux arts de l'Institut national.

CONFORMÉMENT à la proposition que vous m'en avez faite, j'ai pris, monsieur, un arrêté par lequel les peintres, sculpteurs et architectes pensionnaires de l'École de Rome seront tenus à envoyer tous les ans à la classe des beaux arts de l'Institut les études et ouvrages qu'ils étoient obligés autrefois de soumettre à l'Académie de peinture et sculpture et à celle d'architecture. Je vous envoie cet arrêté, et vous préviens que je l'ai transmis au directeur de l'École française des beaux arts à Rome, qui est chargé de veiller à ce qu'il soit ponctuellement exécuté.

J'ai l'honneur de vous saluer.

Signé, CHAPTAL.

ARRÊTÉ.

Le ministre de l'intérieur, modifiant, en tant que de besoin, le règlement de l'École française des beaux arts à Rome, arrête ce qui suit :

ARTICLE PREMIER.

Les ouvrages que sont tenus d'exécuter, aux termes des règlemens, les peintres, sculpteurs, et architectes pensionnaires de l'École des beaux arts à Rome, seront envoyés chaque année à la classe des beaux arts de l'Institut, qui jugera du mérite de ces ouvrages, et transmettra au directeur de l'École les observations qu'elle croira utiles aux progrès de leurs auteurs.

I I.

Le directeur de l'École prendra des mesures pour que les tableaux, dessins, modèles, etc. qui devront être envoyés à la classe des beaux arts, puissent parvenir quinze jours au moins avant l'ouverture de l'exposition publique à Paris. Il changera en conséquence, en tant que de besoin, l'époque de l'exposition qui doit avoir lieu à Rome conformément à l'article premier du titre III du règlement.

Fait à Paris le 29 messidor an 12.

Le ministre de l'intérieur,

Signé, CHAPTAL.

Pour copie conforme,

Le secrétaire perpétuel,

Signé, Joachim LE BRETON.

ARRÊTÉ

Concernant les rapports à faire à la Classe sur les objets qui lui sont soumis.

ARTICLE PREMIER.

LORSQUE le Gouvernement demandera à la classe des beaux arts de l'Institut national l'examen d'un ouvrage, d'une découverte ou d'une question, il sera nommé sur-le-champ des commissaires pour s'en occuper et en faire le rapport dans le plus bref délai.

I I.

Dans le cas où une pareille demande sera faite par une Société ou par un particulier, on examinera d'abord de quelle nature est l'objet sur lequel la classe est consultée.

I I I.

Si c'est un traité ou un mémoire *imprimés* sur des arts qui sont du ressort de la classe, ou bien une production de ces mêmes arts qui puisse être regardée comme complète, telle qu'un tableau, un buste, une statue ou un bas-relief, un modèle ou un projet gravé d'architecture, une estampe, une médaille, un camée ou pierre gravée, un instrument de musique ou une composition musicale déja exécutée en public, il

ne pourra point y avoir lieu à **un
rapport**; mais, si la classe le juge
convenable, le président pourra dé-
signer un membre qui rendra un
simple *compte verbal* du contenu, de
la nature et du mérite de l'ouvrage.
Ce compte verbal ne sera pas sujet
à discussion.

I V.

Si l'objet présenté à la classe est
un traité ou un mémoire *manuscrit*
sur les arts, ou la simple esquisse
d'un ouvrage de peinture, de sculpture ou d'architecture, l'épreuve ou
l'empreinte d'une gravure non ter-
minée, enfin une composition musicale qui n'auroit pas été exécutée
en public; alors, et dans le cas seulement où l'auteur auroit prié la classe
de donner son avis, elle délibérera

s'il y a lieu ou non à nommer une commission.

V.

Cette délibération se fera au scrutin, par *oui* ou par *non*, et à la majorité absolue des suffrages.

V I.

S'il s'agit d'un *manuscrit*, la classe, avant de passer au scrutin, entendra la lecture, sinon de la totalité de l'ouvrage, au moins de ce qui paroîtra nécessaire pour donner une idée suffisante du sujet.

V I I.

La classe ayant décidé qu'il y a lieu à l'examen de l'ouvrage présenté, nommera de suite, au scrutin et à la pluralité relative des suffrages,

13 *

trois commissaires au moins pour faire un rapport qui sera discuté, et d'après lequel la classe formera son avis.

VIII.

Lorsque la classe aura donné son avis, l'objet sur lequel il aura porté sera déposé au secrétariat de l'Institut.

IX.

L'auteur ne pourra l'en retirer qu'en le remplaçant par une copie fidèle, si c'est un manuscrit ou un dessin, et par un calque, un plâtre ou une empreinte, si c'est un ouvrage de peinture, de sculpture ou de gravure.

X.

Ces copies, calques, plâtres ou

empreintes seront signés ou cachetés par l'auteur et par le secrétaire perpétuel : ils resteront en dépôt au secrétariat, pour qu'on puisse y recourir au besoin.

XI.

Sur la demande de l'auteur, il pourra lui être délivré une expédition de la décision de la classe, ainsi que l'extrait des procès-verbaux qui le concernent; mais si l'ouvrage ou la question proposés ont occupé plusieurs séances, il ne pourra point être délivré d'extrait du procès-verbal d'une séance, séparément des procès-verbaux des autres séances où il aura été question du même objet. L'extrait à délivrer devra comprendre tout ce qui se sera passé relativement à l'objet ou à la question examinés.

X I I.

Ces extraits seront exactement vérifiés et certifiés par le secrétaire perpétuel de la classe; et dans le cas où, en les publiant, on se permettroit de les tronquer ou d'en altérer le sens, le secrétaire perpétuel est autorisé à les rectifier au plus tôt par la voie des journaux ou par tout autre moyen qu'il jugera convenable.

Certifié conforme à l'arrêté adopté dans la séance du 15 floréal an 12.

Le secrétaire perpétuel de la classe des beaux arts,

Signé, Joachim Le Breton.

ARRÊTÉ

DU GOUVERNEMENT,

Sur le costume des membres de l'Institut.

Extrait des registres des délibérations des Consuls de la République.

Du 23 floréal an 9.

LES Consuls de la République, sur le rapport du ministre de l'intérieur, et sur la proposition de l'Institut national,

Le Conseil d'État entendu, arrêtent :

ARTICLE PREMIER.

Il y aura pour les membres de l'Institut national un grand et un petit costume.

II.

Ces costumes seront réglés ainsi qu'il suit.

Grand costume.

Habit, gilet ou veste, culotte ou pantalon noirs, brodés en plein d'une branche d'olivier, en soie, verd-foncé ; chapeau à la française.

Petit costume.

Même forme et couleur, mais n'ayant de broderie qu'au collet et aux paremens de la manche, avec une baguette sur le bord de l'habit.

I I I.

Le ministre de l'intérieur est chargé de l'exécution du présent arrêté, qui sera inséré au Bulletin des lois.

Le premier Consul,

Signé, BONAPARTE.

Par le premier Consul, le secrétaire d'État,

Signé, Hugues-B. MARET.

Contre - signé par le ministre de l'intérieur,

Signé, CHAPTAL.

Pour ampliation, le ministre de l'intérieur,

Signé, CHAPTAL.

DÉLIBÉRATION

Du 3 pluviose an 12, relative aux Correspondans.

L'INSTITUT NATIONAL, convoqué extraordinairement pour délibérer sur le rapport d'une commission relativement au droit de porter le costume de l'Institut, a pris la décision suivante :

Vu l'arrêté du Gouvernement du 23 floréal an 9, portant : *Il y aura pour les membres de l'Institut national un grand et un petit costume;* vu l'arrêté du Gouvernement du 3 pluviose an 11, portant : *Les correspondans ne pourront prendre le titre de membres de l'Institut;* l'Institut national arrête que les correspondans seront avertis,

1°. Que, d'après ces dispositions, ils ne peuvent porter le costume de l'Institut;

2°. Qu'ils ne peuvent prendre d'autre titre que celui de correspondant de l'Institut.

Il sera donné communication de cet arrêté à chacun des correspondans.

Certifié conforme,

Signé, SUARD, *secrétaire de l'Institut pour le trimestre de nivose an 12.*

ARRÊTÉ

DE L'INSTITUT,

Relatif à son cabinet et à ses collections.

Du 5 fructidor an 9.

L'INSTITUT NATIONAL des sciences et des arts arrête :

ARTICLE PREMIER.

L'Institut national aura, pour l'usage de ses membres et de ses commissaires, une collection de machines propres aux expériences et observations de physique et de chimie.

II.

Il y aura un cabinet d'histoire naturelle, de recueils, d'objets relatifs à toutes les branches de l'histoire, un dépôt de modèles de machines.

III.

Le cabinet de physique et de chimie sera dans un local séparé des autres collections : il sera fait un règlement particulier pour empêcher qu'il ne soit détérioré par l'usage qui en sera fait.

IV.

Les objets qui composent les cabinets de l'Institut seront rapprochés par classes, dont chacune sera ordonnée et surveillée par un membre

choisi par la section qu'elle concerne.

V.

Cette division aura lieu ainsi qu'il
suit :

1°. *Dépôt de machines.*

Un membre de la section de mécanique.

2°. *Dépôt de modèles de vaisseaux.*

Un marin choisi par la section de
mécanique.

3°. *Instrumens de physique.*

Surveillés par un membre de la
section de physique.

4°. *Instrumens de chimie (en évi-
tant les doubles emplois).*

Un membre de la section de
chimie.

5°. *Minéraux.*

Un membre de la section de minéralogie.

6°. *Herbiers, graines et autres produits végétaux.*

Un membre de la section de botanique.

7°. *Animaux.*

Un membre de la section de zoologie.

8°. *Préparations anatomiques.*

Un membre de la section de zoologie.

9°. *Dépôt de costumes, armes, objets de culte des peuples étrangers.*

Un membre de chacune des sections, d'histoire et d'antiquités.

14 *

10°. *Médailliers et monumens antiques.*

Un membre de la section d'antiquités.

V I.

Ces commissaires seront nommés
dans le délai de deux décades, et
leur nomination sera notifiée à l'Institut dans la séance prochaine, et
affichée à la bibliothèque.

V I I.

Ils feront, chacun en leur particulier, dans le délai de trois mois,
et d'après les règles suivantes, à
leurs classes respectives, un rapport
sur les moyens de disposer les parties de collections qui leur seront
confiées.

1°. Les objets qui encombrent le cabinet et qui sont futiles et sans valeur, seront éliminés.

2°. Les machines qui ne sont intéressantes, ni comme objets historiques, ni comme utiles à la pratique, et qui ne seront point relatives à quelque mémoire présenté aux Académies ou à l'Institut, seront échangées ou vendues aux meilleures conditions possibles.

3°. Les pièces nécessaires au complément des établissemens nationaux d'instruction, y seront réunies aux meilleures conditions possibles.

4°. Les commissaires feront incessamment un rapport particulier sur les objets sujets à entretien, tels que oiseaux, etc. et sur les frais que cet entretien pourra causer.

VIII.

Les classes arrêteront, sur les rapports des commissaires, les aliénations et les échanges proposés.

IX.

La garde du cabinet reste provisoirement confiée à l'un des sous-bibliothécaires, sous la surveillance du bibliothécaire.

Signé à la minute, LE BRUN, *présid.;* LÉVESQUE et CHAMPAGNE, *secrétaires.*

EXTRAIT

Des registres des délibérations des Consuls de la République.

Paris, le 13 floréal an 10 de la République française une et indivisible.

LES Consuls de la République, sur le rapport du ministre de l'intérieur, arrêtent :

ARTICLE PREMIER.

Le capital de 10,000 francs, ensemble l'intérêt annuel de ladite sómme, offerts en donation à l'Institut national par le citoyen Lalande, et dus à ce citoyen par l'administration du Mont-de-Piété de Paris, suivant la reconnoissance qui lui en a été délivrée par les administrateurs de cet établissement, seront acceptés, au nom de l'Institut, par les commissaires qui seront par lui nommés à cet effet.

I I.

Conformément aux intentions du donateur, le produit annuel du capital sera employé par l'Institut à donner, chaque année, une médaille d'or du poids que le montant du revenu permettra, ou la valeur de cette médaille, à la personne qui, en France ou ailleurs, les seuls membres de l'Institut exceptés, aura fait l'observation la plus intéressante ou le mémoire le plus utile aux progrès de l'astronomie.

· I I I.

Le prix énoncé en l'article précédent sera décerné par l'Institut, sur le rapport qui lui en sera fait par les commissaires qu'il aura nommés, et qui seront pris, soit dans la section d'astronomie, soit dans les autres sections qui s'occupent des sciences analogues à l'astronomie.

I V.

Dans le cas où il n'auroit été fait aucune observation assez remarquable, ni présenté aucun mémoire assez important pour mériter le prix au jugement de l'Institut, le prix pourra être donné par l'Institut, comme encouragement, à quelque élève qui aura fait preuve de zèle pour l'astronomie, ou être remis pour former un prix double l'année suivante.

V.

Le ministre de l'intérieur est chargé de l'exécution du présent arrêté.

Le premier Consul,

Signé, BONAPARTE.

Par le premier Consul.

Le secrétaire d'État,

Signé, Hugues-B. MARET.

EXTRAIT

Des registres des délibérations des Consuls de la République.

Paris, le 13 ventose an 10 de la République française une et indivisible.

Les Consuls de la République, sur le rapport du ministre de l'intérieur, le Conseil d'État entendu, arrêtent :

Article premier.

L'Institut national de France formera un tableau général de l'état et

15

des progrès des sciences, des lettres
et des arts, depuis 1789 jusqu'au premier vendémiaire an 10.

Ce tableau, divisé en trois parties
correspondantes à chacune des classes
de l'Institut, sera présenté au Gouvernement dans le mois de fructidor
an 11.

Il en sera formé et présenté un
semblable tous les cinq ans.

I I.

Ce tableau sera porté au Gouvernement par une députation de chaque
classe de l'Institut.

La députation sera reçue par les
Consuls en conseil d'État.

I I I.

A la même époque l'Institut national proposera au Gouvernement ses vues concernant les découvertes dont il croira l'application utile au service public ; les secours et encouragemens dont les sciences , les arts et les lettres auront besoin, et le perfectionnement des méthodes employées dans les diverses branches de l'enseignement public.

I V.

Le ministre de l'intérieur est chargé de l'exécution du présent arrêté, qui sera inséré au Bulletin des lois.

Le premier Consul,

Signé, BONAPARTE.

Par le premier Consul,

Le secrétaire d'État,

Signé, Hugues-B. MARET.

Contre-signé par le ministre de l'intérieur.

Signé, CHAPTAL.

Pour ampliation.

Le ministre de l'intérieur,

Signé, CHAPTAL.

PERSONNEL.

~~~~~~~~

NOMINATION

DES SECRÉTAIRES PERPÉTUELS.

———

AU PREMIER CONSUL.

CITOYEN PREMIER CONSUL,

LA classe des sciences mathématiques et physiques, dans sa séance
du lundi 11 pluviose, a procédé à
l'élection de ses deux secrétaires perpétuels.

Le citoyen Delambre a obtenu la
majorité absolue des suffrages pour

15 *

les mathématiques , et le citoyen Cuvier pour la physique.

Elle a l'honneur de soumettre cette élection à votre confirmation.

Salut et respect.

Signé, MONGE, *vice-président.*

Le premier Consul a confirmé l'élection des citoyens DELAMBRE et CUVIER, nommés secrétaires perpétuels de la classe des sciences mathématiques et physiques de l'Institut, l'un pour les mathématiques, l'autre pour la physique.

Renvoyé au ministre de l'intérieur, président de la classe.

Par ordre.

Le secrétaire d'État.

Signé, Hugues-B. MARET.

18 pluviose an 11.

AU PREMIER CONSUL.

CITOYEN PREMIER CONSUL,

J'ai l'honneur de soumettre à votre approbation la nomination du secrétaire perpétuel de la classe de littérature.

J'ai l'honneur d'être avec respect,

Le président de la classe,
Signé, L. BONAPARTE.

Du 13 pluviose an 11.

Le premier consul a confirmé la nomination du citoyen SUARD à la place de secrétaire perpétuel de la classe de la langue et de la littérature françaises.

Par ordre.

Le secrétaire d'État,
Signé, Hugues-B. MARET.

Au premier CONSUL de la République,

Le président de la troisième classe de l'Institut.

CITOYEN PREMIER CONSUL,

La troisième classe de l'Institut national a nommé pour son secrétaire perpétuel le citoyen DACIER; je vous prie de me faire connoître le jour et l'heure ou je pourrai soumettre ce choix à votre approbation.

Salut et respect.

Signé, LE BRUN.

Paris, le 17 pluviose an 11.

Le premier Consul a confirmé l'élection du citoyen DACIER, nommé secrétaire perpétuel de la troisième classe de l'Institut.

Renvoyé au président de la classe.

Par ordre.

Le secrétaire d'État.

Signé, Hugues-B. MARET.

18 pluviose an 11.

AU PREMIER CONSUL de la République,

Le président de la classe des Beaux Arts.

CITOYEN PREMIER CONSUL,

La classe des beaux arts de l'Institut national a nommé, pour son secrétaire perpétuel, le citoyen Joachim LE BRETON, membre de la classe d'histoire et de littérature ancienne.

J'ai l'honneur de soumettre ce choix à votre approbation.

Salut et respect.

Signé, VINCENT.

Le premier Consul a confirmé l'élection du citoyen Joachim LE BRETON, nommé secrétaire perpétuel de la classe des beaux arts de l'Institut national.

Par ordre.

Le secrétaire d'État.

Signé, Hugues-B. MARET.

23 pluviose an 11.

CHANGEMENS

Arrivés parmi les membres, depuis l'arrêté du Gouvernement du 8 pluviose an 11.

Classe des Sciences Physiques et Mathématiques.

M. DELAMBRE, nommé secrétaire perpétuel pour la partie mathématique, le 11 pluviose an 11.

Remplacé, dans la section de Géométrie, par M. BIOT, le 21 germinal an 11.

M. CUVIER, nommé secrétaire per-

pétuel pour les sciences naturelles,
le 11 pluviose an 11.

Remplacé, dans la section d'anatomie et zoologie, par M. PINEL, le
21 germinal an 11.

M. JEAURAT, élu le 5 nivose an
5, mort le 16 ventose an 11.

Remplacé, dans la section d'astronomie, par M. BOUVARD, le 5 floréal
an 11.

Pour compléter le nombre des huit
associés étrangers de la classe, M.
VOLTA, à Pavie, a été nommé le 18
fructidor an 11.

M. PRIESTLEY, en Amérique, élu
associé étranger le 5 prairial an 11,
mort en février 1804.

Remplacé par M. KLAPROTH, à
Berlin, le 29 prairial an 12.

Classe de la Langue et de la Littérature françaises.

M. de SAINT-LAMBERT, nommé par l'arrêté du Gouvernement, du 8 pluviose an 11, mort le 20 du même mois.

Remplacé par M. MARET, le 2 germinal an 11.

M. LAHARPE, nommé par l'arrêté du Gouvernement, du 8 pluviose an 11, mort le 22 du même mois.

Remplacé par M. LACRETELLE aîné, le 2 germinal an 11.

M. DEVAINES, nommé par l'arrêté du Gouvernement, du 8 pluviose an 11, mort le 25 suivant.

Remplacé par M. PARNY, le 30 germinal an 11.

16

M. Boisgelin, nommé par l'arrêté du 8 pluviose an 11, mort le
5 fructidor an 12.

. Remplacé par M. . . . . .

Classe d'Histoire et de Littérature ancienne.

M. Poirier, élu le 5 ventose an
9, mort le 14 pluviose an 11.

Remplacé par M. Joseph Bonaparte, le 25 germinal an 11.

M. Bouchaud, élu le 5 thermidor
an 5, mort le 12 pluviose an 12.

. Remplacé par M. Quatremere de
Quincy, le 27 pluviose an 12.

M. Revellière Lépeaux, élu
le 19 frimaire an 4, a donné sa
démission dans le mois de prairial
an 12.

Remplacé par M. VISCONTI, le premier thermidor an 12.

M. ANQUETIL DUPERRON, nommé par l'arrêté du Gouvernement du 8 pluviose an 11, a donné sa démission dans le courant de prairial an 12.

Remplacé par M. BOISSY D'ANGLAS le 15 thermidor an 12.

M. KLOPSTOCK, à Hambourg, élu associé étranger le 5 prairial an 10, mort le 23 ventose an 11, n'est pas encore remplacé.

Classe des Beaux Arts.

La classe a élu, pour compléter le nombre de ses huit associés étrangers,

Messieurs,

APPIANI, à Milan, nommé le 17 floréal an 11.

MORGHEN, à Florence, nommé le 17 floréal an 11.

SERGELL, à Stockholm, nommé le 24 floréal an 11.

GUGLIELMI, à Rome, nommé le même jour.

WEST, à Londres, nommé le même jour.

M. CALDERARI, élu associé étranger le 2 frimaire an 11, et dont la mort a été annoncée à la classe le 7 pluviose an 12, n'est pas encore remplacé.

NOMINATIONS

Faites par la classe des Sciences Physiques et Mathématiques pour compléter le nombre de cent correspondans qu'elle doit avoir.

La classe a d'abord nommé les trente-sept anciens correspondans de l'Académie des sciences, dont les noms suivent :

NOMS des CORRESPONDANS.	DATE de L'ÉLECTION.
Lesage, à Genève . .	25 fruct. an 11.
Deluc (de Genève), à Berlin	Idem.

16 *

NOMS des CORRESPONDANS.	DATE de L'ÉLECTION.
BORDA d'Oro, à Dax. .	6 frim. an 12.
COTTE, à Montmorency.	Idem.
JARS, à Sainbel . . .	Idem.
SONNERAT, à Pondichéry.	Idem.
COSSIGNY, à	Idem.
MELANDERHIELM, à Stockholm	Idem.
DUVAUCEL, à Évreux .	Idem.
ORTÉGA, à Madrid . .	Idem.
VAN SWINDEN, à Amsterdam	Idem.
THEVENARD, à Lorient.	Idem.
POCZOBUT, à Wilna .	Idem.
SIGORGNE, a Mâcon .	Idem.
FABRE, à Draguignan.	Idem.
PALASSOU, à Pau. . .	Idem.
GENEST, à New-Yorck.	Idem.

NOMS des CORRESPONDANS.	DATE de L'ÉLECTION.
DEGAULE, à Honfleur.	6 frim. an 12.
VAN MARUM, à Harlem	Idem.
DESLANDES, à Chauni.	25 nivose an 12.
DEGUIGNES, à Canton.	Idem.
BLAGDEN, à Londres .	Idem.
GENTY, à Orléans . .	Idem.
LANDRIANI, à Vienne.	Idem.
DUMONT, à Courset, par Samer (Pas-de-Calais)	Idem.
DUBUAT, à Condé . .	Idem.
LEBLOND, à Autun . .	2 pluv. an 12.
BERNARD, à Trans, par Draguignan	Idem.
SIMMONS, à Londres .	Idem.
CRELL, à Helmstadt. .	Idem.
THUNBERG, à Stockholm	Idem.

NOMS des CORRESPONDANS.	DATE de L'ÉLECTION.
BUGGE , à Copenhague.	2 pluv. an 12.
GOSSE , à Genève . . .	Idem.
PROUST , à Madrid . .	Idem.
CAGNOLI , à Modène .	Idem.
REBOUL , aux environs de Sens	Idem.
MENDOZA , à Londres .	Idem.

Nota. Ici finit la liste des anciens correspondans de l'Académie des sciences.

Election de nouveaux correspondans.

GAUSS , à Brunswick .	9 pluv. an 12.
WEBEKING , à Vienne.	Idem.
PIAZZI , à Palerme . .	Idem.
HUMBOLDT , à Berlin .	16 pluv. an 12.

Changemens arrivés parmi les corres-
pondans de la classe des sciences
physiques et mathématiques.

M. BIOT, à Beauvais, élu le 5 prairial an 8, nommé membre le 21 germinal an 11.

Remplacé le 12 germinal an 12, par M. FOUQUET, à Montpellier.

M. MICHAUX, à . . . . . , élu en ventose an 4, mort en l'an 11.

Remplacé le 12 germinal an 12, par M. SCARPA, à Pavie.

M. LESAGE, à Genève, élu le 25 fructidor an 11, mort en frimaire an 12.

Remplacé le 30 pluviose de la même année, par M. LA ROCHEFOU-CAULD, à Liancourt.

M. Borda d'Oro, à Dax, élu le 6 frimaire an 12, mort en nivose de la même année.

Remplacé le 30 pluviose an 12, par M. Jacquin, à Vienne.

M. Deslandes, à Chauni, élu le 25 nivose an 12, mort en fructidor an 11, avant sa nomination.

Remplacé le 16 pluviose de la même année, par M. Werner, à Freyberg.

M. Arbogast, à Strasbourg, élu en ventose an 4, mort en germinal an 11.

Remplacé par M. Oriani, à Milan, le 13 messidor an 12.

M. Klaproth, à Berlin, élu le 16 pluviose an 12, nommé associé étranger le 29 prairial même année.

Il reste un correspondant à nommer.

CLASSE

D'HISTOIRE ET DE LITTÉRATURE ANCIENNE.

L'arrêté du 3 pluviose an 11 fixe le nombre des correspondans de cette classe à soixante : elle en avoit quarante-six lors de la nouvelle organisation; six sont morts depuis cette époque; savoir,

M. DIANYERE, à Moulins, nommé en ventose an 4, mort le 18 fructidor an 10.

Remplacé le 9 floréal an 11, par M. HARLESS, à Erlang.

M. ROUSSEL, à Chartres, nommé en ventose an 4; sa mort a été annoncée le 8 vendémiaire an 11.

Il a été remplacé le 9 floréal de la

même année, par M. GAETANO-MARINI, à Rome.

M. REYMONT, à Saint-Domingue, nommé en ventose an 4; sa mort a été annoncée le 8 vendémiaire an 11.

Il a été remplacé le 16 floréal de la même année, par M. DEGUIGNES, à Canton.

M. HOUARD, à Dieppe, nommé en ventose an 4; sa mort a été annoncée le 2 nivose an 11.

Il a été remplacé le 16 floréal de la même année, par M. BOISSY-D'ANGLAS, à Annonay, qui depuis a été nommé membre.

M. PAPON, à Riom, nommé en ventose an 4, mort le 26 nivose an 11.

Remplacé le 30 floréal de la même année, par M. AKERBLAD, à Stockholm.

M. BRUNCK, à Strasbourg, nommé en ventose an 4, est mort dans le mois de prairial an 11.

La classe a nommé de plus les correspondans qui suivent :

PAOLINO, à Rome, le 30 floréal an 11.

LEVÊQUE DE POUILLY, à Reims, le 14 prairial an 11.

FELIX FAULCON, à Poitiers, *idem.*

LEVRIER, à Amiens, le 28 prairial an 11.

DELANDINE, à Lyon, *idem.*

Il reste onze correspondans à nommer.

CLASSE

DES BEAUX ARTS.

CONFORMÉMENT à la nouvelle organisation de l'Institut, la classe des beaux arts doit avoir trente-six correspondans : elle en avoit vingt d'ancienne création.

Elle a nommé depuis :

Messieurs,

CARELLI, à Naplés, le 4 thermidor an 11.

DAGINCOUR, à Rome, *idem.*

REICHARDT, à Berlin, *idem.*

FRAMERY, à Vaugirard, le 11 thermidor an 11.

SUVÉE, à Rome, le 30 nivose an 12.

SAINTE-OURSE, à Genève, *idem.*

Boissieu, à Lyon, le 21 pluviose an 12.

Porporati, à Turin, *idem.*

Réga, à Naples, le 15 floréal an 12.

Fabre, à Florence, *idem.*

Changemens arrivés parmi les correspondans de la classe.

M. Paris, au Havre, nommé en ventose an 4, a donné sa démission le 21 février 1804.

Il reste sept correspondans à nommer.

ÉTAT ACTUEL

DE

L'INSTITUT NATIONAL.

(Au 15 fructidor an 12.)

PREMIÈRE CLASSE.

Classe des Sciences physiques et mathématiques.

SCIENCES MATHÉMATIQUES.

1re. Section. — *Géométrie.*

LAGRANGE (Joseph-Louis).
LAPLACE (Pierre-Simon).
BOSSUT (Charles).
LEGENDRE (Adrien-Marie).

Lacroix (Sylvestre-François).
Biot (Jean-Baptiste).

2ᵉ. Section. — *Mécanique.*

Monge (Gaspard).
Prony (Riche).
Périer (Jacques-Constantin).
Bonaparte (Napoléon).
Berthoud (Ferdinand).
Carnot (Lazare).

3ᵉ. Section. — *Astronomie.*

Lalande (Jérôme).
Méchain (Pierre-François-André).
Messier (Charles).
Cassini (Jean-Dominique).
Lefrançais-Lalande (Michel).
Bouvard (Alexis).

17 *

4ᵉ. Section. — *Géographie et Navigation.*

BOUGAINVILLE (Louis-Antoine).
FLEURIEU (Claret) (Charles-Pierre).
BUACHE (Jean-Nicolas).

5ᵉ. Section. — *Physique générale.*

CHARLES (Jacques-Alexandre-César).
BRISSON (Mathurin-Jacques).
COULOMB (Charles-Augustin).
ROCHON (Alexis-Marie).
LEFÈVRE-GINEAU (Louis).
LEVÊQUE (Pierre).

SCIENCES PHYSIQUES.

6ᵉ. Section. — *Chimie.*

BERTHOLLET (Claude-Louis).
GUYTON (Louis-Bernard).

FOURCROY (Antoine-François).
VAUQUELIN (Nicolas).
DEYEUX (Nicolas).
CHAPTAL (Jean-Antoine).

7e. Section. — *Minéralogie.*

HAÜY (René-Just).
DESMAREST (Nicolas).
DUHAMEL (Guillot).
LELIÈVRE (Claude-Hugues).
SAGE (Balthazar-George).
RAMOND (Louis-Franç.-Élisabeth).

8e. Section. — *Botanique.*

LAMARCK (Jean-Baptiste).
DESFONTAINES (René).
ADANSON (Michel).
JUSSIEU (Antoine-Laurent).
VENTENAT (Etienne-Pierre).
LABILLARDIÈRE (Jacques-Julien).

9e. Section. — *Économie rurale et Art vétérinaire.*

THOUIN (André).
TESSIER (Henri-Alexandre).
CELS (Jacques-Martin).
PARMENTIER (Antoine-Augustin).
HUZARD (Jean-Baptiste).

. . . .

10e. Section. — *Anatomie et Zoologie.*

LACÉPÈDE (Bern.-Germain-Etienne).
TENON (Jacques).
BROUSSONET (Pierre-Auguste).
RICHARD (Louis-Claude).
OLIVIER (Guillaume-Antoine.)
PINEL (Pierre).

11°. Section. — *Médecine et Chirurgie.*

DESESSARTZ (Jean-Charles).
SABATIER (Raphaël-Bienvenu).
PORTAL (Antoine).
HALLÉ (Jean-Noël).
PELLETAN (Philippe-Jean).
LASSUS (Pierre).

SECRÉTAIRES PERPÉTUELS.

DELAMBRE (Jean-Baptiste-Joseph),
   pour les sciences mathématiques.
CUVIER (George), pour les sciences
   physiques.

ASSOCIÉS ÉTRANGERS.

BANKS, à Londres.
MASKELYNE, à Londres.

HERSCHELL, à Londres.

RUMFORD, à Munich.

PALLAS, en Russie.

CAVENDISH, à Londres.

VOLTA, à Pavie.

KLAPROTH, à Berlin.

CORRESPONDANS.

DUVAL-LEROY, à Brest, département du *Finistère*.

LALLEMAND, à Reims, *Marne*.

TEDENAT, à Saint-Geniez, *Aveyron*.

SANÉ, à Brest, *Finistère*.

MARESCOT, à

FORFAIT, au Havre, *Seine-Infér.*

NIEWPORT, à Bruxelles, *Dyle*.

DANGOS, à Tarbes, *Hautes-Pyrén.*

DUC-LACHAPELLE, à Montauban, *Lot.*

FLAUGERGUES, à Viviers, *Ardèche.*

THULIS, à Marseille, *Bouches-du-Rhône.*

SEPMANVILLE, à Évreux, *Eure.*

VIDAL, à Toulouse, *Haute-Garonne.*

BOURGOING, à Nevers, *Nièvre.*

VERDUN, à Versailles, *Seine-et-Oise.*

GRANDCHAIN, à Bernay, *Eure.*

LESCALIER, à

ROMME, à Rochefort, *Charente-Inf.*

COQUEBERT, à

LOISEL, à Maëstricht, *Meuse-Infér.*

DERATE, à Montpellier, *Hérault.*

SIGAUD-LAFOND, à Bourges, *Cher.*

PICTET, à Genève, *Léman.*

BAUMÉ, aux Carrières, *Seine.*

SEGUIN, à Sèvres, *Seine-et-Oise.*

VAN MONS, à Bruxelles, *Dyle.*

NICOLAS, à Nancy, *Meurthe.*

CHAUSSIER, à Dijon, *Côte-d'Or.*

WELTER, à Valenciennes, *Nord.*

VALMONT - BOMARE, à Chantilly, *Oise.*

SCHREIBER, à Pezay, *Isère.*

PATRIN, à Lyon, *Rhône.*

GILLET-LAUMONT, à Daumont, *Oise.*

VILLARS, à Grenoble, *Isère.*

GOUAN, à Montpellier, *Hérault.*

GÉRARD, à Cotignac, *Var.*

PICOT - LAPEYROUSE, à Toulouse, *Haute-Garonne.*

PALISSOT-BEAUVOIS, à l'Eglantier, *Oise.*

BOUCHER, à Abbeville, *Somme.*

ROUGIER-LA-BERGERIE, à Auxerre, *Yonne.*

HEURTAUT-LAMERVILLE, à Dun-sur-Auron, *Cher.*

LAFOSSE, à Montaterre, *Oise.*

CHABERT, à Alfort, *Seine-et-Oise.*

CHANORIER, à Croissy-sur-Seine.

LAUMONIER, à Rouen, *Seine-Infér.*

GEOFFROY, à Chartreuve, *Aisne.*

LATREILLE, à Tulle, *Corrèze.*

JURINE, à Genève, *Léman.*

DUMAS, à Montpellier, *Hérault.*

PERCY, à

BONTÉ, à Coutances, *Manche.*

SAUCEROTTE, à Lunéville, *Meurthe.*

LOMBARD, à Strasbourg, *Bas-Rhin.*

BARAILON, à Chambon, *Creuse.*

BARTHÈS, à Narbonne, *Aude.*

DE LUC (de Genève), à Berlin.

COTTE, à Montmorency, *Seine-et-Oise.*

JARS, à Sainbel, *Rhône.*

SONNERAT, à Pondichéry.

COSSIGNY, à

MELANDERHIELM, à Stockholm.

DUVAUCEL, à Evreux, *Eure.*

ORTÉGA, à Madrid.

18

Van Swinden, à Amsterdam.

Thevenard, à Lorient, *Morbihan.*

Poczobut, à Wilna.

Sigorgne, à Mâcon, *Saone-et-Loire.*

Fabre, à Draguignan, *Var.*

Palassou, à Pau, *Basses-Pyrénées.*

Genest, à New-Yorck.

Degaule, à Honfleur, *Calvados.*

Van Marum, à Harlem.

De Guignes, à Canton.

Blagden, à Londres.

Genty, à Orléans, *Loiret.*

Landriani, à Vienne.

Dumont, à Courset, par Samer, *Pas-de-Calais.*

Dubuat, à Condé, *Nord.*

Leblond, à Autun, *Saone-et-Loire.*

Bernard, à Trans, par Draguignan, *Var.*

Simmons, à Londres.

CRELL, à Helmstadt.

THUNBERG, à Stockholm.

BUGGE, à Copenhague.

GOSSE, à Genève, *Léman*.

PROUST, à Madrid.

CAGNOLI, à Modène.

REBOUL, aux environs de Sens, *Yonne*.

MENDOZA, à Londres.

GAUSS, à Brunswick.

WEBEKING, à Vienne.

PIAZZI, à Palerme.

HUMBOLDT, à Berlin.

WERNER, à Freyberg en Saxe.

JACQUIN, à Vienne.

LAROCHEFOUCAULD - LIANCOURT, à Liancourt, *Oise*.

SCARPA, à Pavie.

FOUQUET, à Montpellier, *Hérault*.

ORIANI, à Milan.

DEUXIÈME CLASSE.

Classe de la Langue et de la Littérature françaises.

VOLNEY (Chassebœuf) (Constantin-François).

GARAT (Dominique-Joseph).

CAMBACÉRÈS (Jean-Jacques-Régis).

CABANIS (Pierre-Jean-George).

SAINT-PIERRE (Jacques-Bernardin-Henri).

NAIGEON (Jacques-André).

MERLIN (Philippe-Antoine).

BIGOT-PREAMENEU (Félix - Julien-Jean).

SIEYES (Emmanuel-Joseph).

LACUÉE (Jean-Gérard).

ROEDERER (Pierre-Louis).

ANDRIEUX (François - Guillaume-Jean-Stanislas).

VILLAR (Gabriel).

DOMERGUE (Urbain).

FRANÇOIS (de Neufchâteau) (Nicolas).

CAILHAVA (Jean-François).

SICARD (Roch-Ambroise).

CHÉNIER (Marie-Joseph).

LEBRUN (Écouchard) (Ponce-Denis).

DUCIS (Jean-François).

COLLIN-HARLEVILLE (Jean-François).

LE GOUVÉ (Gabriel-Marie-Jean-Baptiste).

ARNAULT (Antoine-Vincent).

FONTANES (Louis).

DELILLE (Jacques).

SUARD (Jean-Baptiste-Antoine).

TARGET (Guy-Jean-Baptiste).

MORELLET (André).

BOUFFLERS (Stanislas-Jean).

BISSY (Claude-Thiard de).

18 *

ROQUELAURE (Jean-Armand).

D'AGUESSEAU (   ).

BONAPARTE (Lucien).

SÉGUR (Louis-Philippe).

PORTALIS (Jean-Étienne-Marie).

REGNAUD (de Saint-Jean d'Angély)
  (Michel-Louis-Étienne).

MARET (Hugues-Baptiste).

LACRETELLE aîné (   ).

PARNY (Deforges) (Évariste-Desiré).

. . . .

——————————

SECRÉTAIRE PERPÉTUEL.

SUARD (Jean-Baptiste-Antoine).

TROISIÈME CLASSE.

Classe d'Histoire et de Littérature ancienne.

DACIER (Bon-Joseph).

LE BRUN (Charles-François).

ANQUETIL (Louis-Pierre).

LÉVESQUE (Pierre-Charles).

DUPONT (Pierre-Samuel).

DAUNOU (Pierre-Claude-François).

MENTELLE (Edme).

REINHARD (Charles).

TALLEYRAND (Charles-Maurice).

GOSSELLIN (Pascal - Fr. - Joseph).

GINGUENÉ (Pierre-Louis).

DE LISLE DE SALES (Jean).

GARRAN (Jean-Philippe).

CHAMPAGNE (Jean-François).

LAKANAL (Joseph).

TOULONGEON (François-Emmanuel).

Le Breton (Joachim).

Grégoire (Henri).

Bitaubé (Paul-Jérémie).

Laporte du Theil (François-Jean-
Gabriel).

Langlès (Louis-Matthieu).

Larcher (Pierre-Henri).

Pougens (Marie-Charles-Joseph).

Villoison (Jean-Baptiste-Gaspard).

Mongez (Antoine).

Dupuis (Charles-François).

Le Blond (Gaspard-Michel).

Ameilhon (Hubert-Pascal).

Camus (Armand-Gaston).

Mercier (Louis-Sébastien).

Garnier (Jean-Jacques).

Silvestre de Sacy (Ant.-Isaac).

Sainte-Croix (Guillaume-Emma-
nuel-Joseph-Guilhem.).

Pastoret (Emmanuel).

Gaillard (Gabriel-Henri).

Choiseul-Gouffier ( ).

Bonaparte (Joseph).

Quatremere de Quincy (Antoine-
Chrysostôme).

Visconti (Ennius-Quirinus).

Boissy-d'Anglas (Franç.-Antoine).

SECRÉTAIRE PERPÉTUEL.

Dacier (Bon-Joseph).

ASSOCIÉS ÉTRANGERS.

Jefferson, à Philadelphie.

Rennell, à Londres.

Heyne, à Gottingue.

Niebuhr, en Danemarck.

Fox, à Londres.

Wildfort, à Calcutta.

Wieland, à Weimar en Saxe.

. . . .

CORRESPONDANS.

DESTUTT-TRACY, à Auteuil, *Seine.*

DESEZE, à Bordeaux, *Gironde.*

LAROMIGUIÈRE, à Toulouse, *Haute-Garonne.*

JACQUEMONT, à Hesdin, *Pas-de-Cal.*

DÉGÉRANDO, à Lyon, *Rhône.*

PREVOST, à Genève, *Léman.*

LABENE, à Agen, *Lot-et-Garonne.*

VILLETERQUE, à Ligny, *Meuse.*

SAINT-JEAN-CREVECŒUR, à Rouen, *Seine-Inférieure.*

FERLUS, à Sorreze.

GAUDIN, à la Rochelle, *Charente-Inf.*

LEGRAND-LALEU, à Laon, *Aisne.*

GROUVELLE, à Varennes, *Seine-et-Marne.*

MASSA, à Nice, *Alpes-Maritimes.*

GALLOIS, à Auteuil, *Seine.*

ROUME, à

GARNIER (Germain), à Versailles, *Seine-et-Oise*.

DUVILLARD, à Passy, *Seine*.

KOCH, à Strasbourg, *Bas-Rhin*.

GUDIN, à Avalon, *Yonne*.

SÉNEBIER, à Genève, *Léman*.

DOTTEVILLE, à Versailles, *Seine-et-Oise*.

LAURENCIN, à Lyon, *Rhône*.

LECLERC, à Chalonne, *Maine-et-Loire*.

CROUZET, à Saint-Cyr, *Seine-et-Oise*.

MOREL, à Lyon, *Rhône*.

BOINVILLIERS, à Orléans, *Loiret*.

SABATIER, à Châlons-sur-Marne.

RUFIN, à Constantinople.

SCHWEIGHAUSER, à Strasbourg, *Bas-Rhin*.

BELIN-BALLU, à Moscou.

PIEYRE, à Nîmes, *Gard*.

BERENGER, à Lyon, *Rhône*.

PALISSOT, à Mantes, *Seine - et - Oise*.

MASSON, à Coblentz, *Rhin-et-Moselle*.

OBERLIN, à Strasbourg, *Bas-Rhin*.

FAUVEL, à Athènes.

GIBELIN, à Versailles, *Seine-et-Oise*.

RIBOUD, à Bourg, *Ain*.

TRAULLÉ, à Abbeville, *Somme*.

HARLESS, à Erlang.

GAETANO-MARINI, à Rome.

DE GUIGNES, à Canton.

AKERBLAD, à Stockolm.

PAOLINO, à Rome.

LEVÈQUE DE POUILLY, à Reims, *Marne*.

FÉLIX FAULCON, à Poitiers, *Vienne*.

LEVRIER, à Amiens, *Somme*.

DELANDINE, à Lyon, *Rhône*.

QUATRIÈME CLASSE.

Classe des Beaux Arts.

1ere. Section. — *Peinture.*

DAVID (Jacques-Louis).
VAN SPAENDONCK (Gérard).
VIEN (Joseph-Marie).
VINCENT (François-André).
REGNAULT (Jean-Baptiste).
TAUNAY (Nicolas-Antoine).
DENON (Vivant).
VISCONTI (Ennius-Quirinus).

2e. Section. — *Sculpture.*

PAJOU (Augustin).
HOUDON (Jean-Antoine).
JULIEN (Pierre).
MOITTE (Jean-Guillaume).
ROLAND (Philippe-Laurent).
DEJOUX (Claude).

19

3ᵉ. Section. — *Architecture.*

GONDOIN (Jacques).
PEYRE (Antoine-François).
RAYMOND (Jean-Arnaud).
DUFOURNY (Léon).
CHALGRIN (Jean-François-Thérèse).
HEURTIER (Jean-François).

4ᵉ. Section. — *Gravure.*

BERVIC (Jean-Guillaume-Barvez).
DUMAREST (Rambert).
JEUFFROY (Romain-Vincent).

5ᵉ. Section. — *Musique.* (Composition.)

MÉHUL (Etienne).
GOSSEC (François-Joseph).
GRÉTRY (André-Ernest).

Monvel (Boutet) (Jacques-Marie).

Grandmenil (Fauchard) (Jean-
Baptiste).

SECRÉTAIRE PERPÉTUEL.

Le Breton (Joachim).

ASSOCIÉS ÉTRANGERS.

Haydn, à Vienne.

Canova, à Rome.

Appiani, à Milan.

Morghen, à Florence.

Sergell, à Stockholm.

Guglielmi, à Rome.

West, à Londres.

CORRESPONDANS.

Lacour, à Bordeaux, Gironde.

Lens aîné, à Bruxelles, Dyle.

BARDIN , à Orléans , *Loiret.*

PRUDHON , à Dijon , *Côte-d'Or.*

GIROUST , à Lunéville , *Meurthe.*

BOICHOT , à Autun , *Saone-et-Loire.*

VAN POUCKE , à Gand , *Escaut.*

CHINARD , à Lyon , *Rhône.*

BLAISE , à Poissy , *Seine-et-Oise.*

RENAUD , à Marseille , *Bouches-du-Rhône.*

COMBES , à Bordeaux , *Gironde.*

CRUCY , à Nantes , *Loire-Inférieure.*

FOUCHEROT , à Tonnerre , *Yonne.*

BECK , à Bordeaux , *Gironde.*

MOREAU , à Liége , *Ourthe.*

CAILLOT , à Saint-Germain , *Seine-et-Oise.*

BLAZE , à Cavaillon , *Vaucluse.*

MAUDUIT-LARIVE , à Montlignon , *Seine-et-Oise.*

BONNET-BEAUVAL , à Bourbonne-les-Bains , *Haute-Marne.*

CARELLI, à Naples.

DAGINCOUR, à Rome.

REICHARDT, à Berlin.

FRAMERY, à Vaugirard, *Seine.*

SUVÉE, à Rome.

SAINTE-OURSE, à Genève, *Léman.*

BOISSIEU, à Lyon, *Rhône.*

PORPORATI, à Turin, *Pô.*

RÉGA, à Naples.

FABRÉ, à Florence.

19 *

LISTE

PAR ORDRE ALPHABÉTIQUE

DES MEMBRES,

ET DES ASSOCIÉS ÉTRANGERS

DE

L'INSTITUT NATIONAL.

A

Messieurs,

ADANSON (Michel), rue de la Victoire, n°. 47.

AGUESSEAU (d'),

AMEILHON (Hubert-Paschal), à l'Arsenal.

ANDRIEUX (François - Guillaume - Jean - Stanislas), rue de Vaugirard, n°. 1216.

ANQUETIL (Louis-Pierre), rue de l'Oratoire, n°. 149.

APPIANI, à Milan.

ARNAULT (Antoine-Vincent), au ministère de l'Intérieur.

B

BANKS, à Londres.

BERTHOLLET (Claude-Louis), rue d'Enfer, n°. 153.

BERTHOUD (Ferdinand), galeries du Louvre, n°. 26.

BERVIC (Jean-Guillaume-Barvez), galeries du Louvre, n°. 12.

BIGOT-PRÉAMENEU (Félix-Julien-Jean), rue de la Convention, no. 2.

BIOT (Jean-Baptiste), rue des Francs-Bourgeois, n°. 794, près la place Saint-Michel.

BISSY (Claude-Thiard de), rue de la Ville-Lévêque, n°. 1062.

BITAUBÉ (Paul-Jérémie), rue de Vaugirard, n°. 1110

BOISSY D'ANGLAS (François - Antoine), rue de Choiseul, n°. 15.

BONAPARTE (Napoléon), Palais Impérial.

BONAPARTE (Lucien), rue Saint-Dominique , ci-devant hôtel de Brienne.

BONAPARTE (Joseph), rue du faubourg Saint-Honoré , ci-devant hôtel Marbeuf.

BOSSUT (Charles), galeries du Louvre, n°. 29.

BOUFFLERS (Stanislas Jean), rue Martel, n°. 9, barrière Cadet.

BOUGAINVILLE (Louis-Antoine), rue de Bondi, n°. 61, vis-à-vis la porte Saint-Martin.

BOUVARD (Alexis), à l'Observatoire.

BRISSON (Mathurin - Jacques), rue du Hasard, n°. 9.

BROUSSONET (Pierre - Auguste), rue de l'Éperon, n°. 11.

BUACHE (Jean-Nicolas), galeries du Louvre, n°. 25.

C

CABANIS (Pierre - Jean - George), à Auteuil, banlieue de Paris.

CAILHAVA (Jean-François), rue du Cimetière Saint-André-des-Arcs, n°. 8.

CAMBACÉRÈS (Jean-Jacques-Regis), place du Carrousel.

CAMUS (Armand-Gaston), rue de l'Université, archives de la République.

CANOVA, à Rome.

CARNOT (Lazare), rue Saint - François, au Marais, n°. 431.

CASSINI (Jean-Dominique), rue du Vieux-Colombier, près de la rue Pot-de-Fer.

CAVENDISH, à Londres.

CELS (Jacques-Martin), hors de la barrière du Mont - Parnasse, plaine de Mont-Rouge.

CHALGRIN (Jean-François-Thérèse), Palais du Sénat conservateur.

CHAMPAGNE (Jean-François), rue Saint-Jacques, au Lycée.

CHAPTAL (Jean - Antoine), rue Saint-Dominique, près la rue Belle - Chasse, n°. 229.

CHARLES (Jacques - Alexandre - César), au Louvre.

CHÉNIER (Marie-Joseph), rue de la Loi, n°. 17.

CHOISEUL-GOUFFIER, boulevard des Invalides, n°. 1438.

COLLIN-HARLEVILLE (Jean-François), place de la Monnoie, n°. 7.

COULOMB (Charles-Augustin), galeries du Louvre, n°. 13.

CUVIER (George), Muséum d'histoire naturelle, jardin des Plantes.

D

DACIER (Bon-Joseph), rue de Colbert, n°. 281.

DAUNOU (Pierre-Claude-François), à la bibliothèque du Panthéon-Français.

DAVID (Jacques-Louis), au Louvre.

DEJOUX (Claude), galeries du Louvre, n°. 4.

DELAMBRE (Jean-Baptiste-Joseph), rue de Paradis, au Marais, n°. 1.

DELILLE (Jacques), rue neuve Sainte-Catherine, au Marais, n°. 697.

DENON (Vivant), galeries du Louvre, n°. 18.

DE SALES (Jean de l'Isle), rue de Varennes, faubourg Saint - Germain, n°. 655.

DESESSARTZ (Jean - Charles), rue des Fossés-Saint-Germain-l'Auxerrois, cul-de-sac Sourdis, n°. 18.

DESFONTAINES (René), Muséum d'histoire naturelle, jardin des Plantes.

DESMAREST (Nicolas), rue Croix-des-Petits-Champs, n°. 38.

DEYEUX (Nicolas), rue de Tournon, n°. 1126.

DOMERGUE (Urbain), rue des Fossés-Saint - Germain - l'Auxerrois, hôtel de Lisieux.

DUCIS (Jean - François), rue de l'Université, n°. 290.

DUFOURNY (Léon), au Louvre.

DUHAMEL (Guillot), rue de l'Université, Ecole des mines, n°. 293.

DUMAREST (Rambert), quai de l'École, café du Parnasse.

DUPONT (Pierre - Samuel), rue de Montholon, n°. 301, faubourg Montmartre.

DUPUIS (Charles-François), collége de France, place Cambrai.

Du Theil (François - Jean - Gabriel la Porte), quai et place de la Monnoie, n°. 1872.

F

Fleurieu (Charles-Pierre-Claret), rue Taitbout, n°. 13.

Fontanes (Louis), au Palais du Corps législatif.

Fourcroy (Antoine-François), Muséum d'histoire naturelle, rue de Seine-St-Victor.

Fox, à Londres.

François (de Neufchâteau) (Nicolas), rue de Tournon, n°. 1135.

G

Gaillard (Gabriel-Henri), rue

Garat (Dominique-Joseph), rue des Citoyennes, près le Luxembourg.

Garnier (Jean - Jacques), cour des Chollets, près le Panthéon-Français.

GARRAN (Jean-Philippe), palais du Sénat conservateur, cour des Fontaines.

GINGUENÉ (Pierre - Louis), rue des Citoyennes, près le Luxembourg.

GONDOIN (Jacques), rue de Tournon, n°. 1126.

GUGLIELMI, à Rome.

GOSSEC (François-Joseph), rue Bergère, au Conservatoire de musique.

GOSSELLIN (Paschal-François - Joseph), rue et arcade Colbert , n°. 13.

GRANDMENIL (Jean-Baptiste Fauchard), rue J. J. Rousseau, vis-à-vis la poste.

GRÉGOIRE (Henri), rue Pot-de-Fer, près la rue Honoré-Chevalier , n°. 942.

GRÉTRY (André-Ernest), boulevard Italien , n°. 343.

GUYTON (Louis-Bernard), rue de Lille, n°. 501.

H

HALLÉ (Jean-Noël), rue Pierre-Sarrasin , n°. 13.

HAÜY (René-Just), au Muséum d'histoire naturelle, Jardin des Plantes.

HAYDN , à Vienne.

HERSCHELL , à Londres.

HEURTIER (Jean-François), Palais Impérial , local des bâtimens impériaux.

HEYNE , à Gottingue.

HOUDON (Jean - Antoine), aux Quatre-Nations.

HUZARD (Jean-Baptiste), rue de l'Éperon-Saint-André-des-Arcs , nº. 11.

J

JEFFERSON , à Philadelphie.

JEUFFROY (Romain-Vincent), rue Neuve-Sainte - Genevieve , à l'Estrapade, nº. 103.

JULIEN (Pierre), aux Quatre-Nations.

JUSSIEU (Antoine - Laurent), Muséum d'histoire naturelle , rue de Seine-St-Victor.

L

LABILLARDIÈRE (Jacques-Julien), rue de Crébillon , nº. 2 , près l'Odéon.

LACÉPÈDE (Bernard-Germain-Etienne),
rue Saint-Honoré, n°. 1493.

LACRETELLE ( ), boulevard
Montmartre, n° 541.

LACROIX (Sylvestre-François), rue. Ga-
rancière , n°. 1085 , derrière Saint-
Sulpice.

LACUÉE (Jean-Gérard), grande rue Ta-
ranne , n°. 34.

LAGRANGE (Joseph-Louis), rue du faubourg Saint-Honoré , n°. 100.

LAKANAL (Joseph), à l'Ecole centrale
de la rue Saint-Antoine.

LALANDE (Jérôme), collége de France,
place Cambrai.

LAMARCK (Jean - Baptiste) , Muséum
d'histoire naturelle, Jardin des Plantes.

LANGLÈS (Louis-Matthieu), à la bibliothèque nationale , rue Neuve-des-
Petits-Champs, n°. 46.

LAPLACE (Pierre-Simon), au palais du
Sénat conservateur.

LARCHER (Pierre - Henri), rue de la
Harpe, vis-à-vis la place de Sorbonne.

LASSUS (Pierre), rue Saint-André-des-

Arcs, au coin de la rue des Grands-Augustins, n°. 82.

LE BLOND (Gaspard-Michel).

LEBRETON (Joachim), hôtel des Mon-noies.

LEBRUN (Ponce-Denis Ecouchard), au palais du Tribunat, n°. 44.

LEBRUN (Charles-François), rue Saint-Honoré.

LEFÈVRE-GINEAU (Louis), collége de France, place Cambrai.

LEFRANÇAIS-LALANDE (Michel), collége de France, place Cambrai.

LEGENDRE (Adrien - Marie), rue de Condé, n°. 12.

LE GOUVÉ (Gabriel-Marie-Jean-Bap.), rue Saint-Marc-Feydeau, no. 28.

LELIÈVRE (Claude-Hugues), Conseil des mines, rue de l'Université, no. 293.

LÉVÊQUE (Pierre), rue de l'Univer-sité, n°. 900.

LÉVESQUE (Pierre-Charles), île de la Fraternité, quai de la République, no. 14.

M

MARET (Hugues-Baptiste), palais Impérial.

MASKELYNE, à Londres.

MÉCHAIN (Pierre-François-André), à l'Observatoire.

MÉHUL (Etienne), rue Bergère, au Conservatoire de musique.

MENTELLE (Edme), galeries du Louvre, nº. 19.

MERCIER (Louis-Sébastien), hôtel de la Rochefoucauld, rue de Seine.

MERLIN (Philippe - Antoine), rue de Touraine, au Marais, nº. 7.

MESSIER (Charles), rue des Mathurins, hôtel de Clugny, nº. 334.

MOITTE (Jean-Guillaume), galeries du Louvre, nº. 2.

MONGE (Gaspard), rue et maison Belle-Chasse.

MONGEZ (Antoine), hôtel des Monnoies.

MONVEL (Jacques-Marie Boutet), palais

20 *

du Tribunat, cour des Fontaines, n°. 1113.

MORELLET (André), rue d'Anjou-St.-Honoré, n°. 971.

N

NAIGEON (Jacques - André), rue de l'Oratoire, n°. 149.

NIEBUHR, en Danemarck.

O

OLIVIER (Guillaume-Antoine), au Petit Marché-Saint-Jacques, place du Panthéon, n°. 7.

P

PAJOU (Augustin), galeries du Louvre, n°. 21.

PALLAS, à Saint-Pétersbourg.

PARMENTIER (Antoine-Augustin), rue Saint-Maur, faubourg Saint-Germain, maison Jumilhac, n°. 1243.

PARNY (Deforges) (Évariste - Desiré), rue de Provence, n°. 32.

PASTORET (Emmanuel), place de la Concorde, n°. 3.

PELLETAN (Philippe-Jean), rue Saint-Christophe, parvis Notre-Dame, n°. 8.

PÉRIER (Jacques-Constantin), rue de l'Université, n°. 296.

PEYRE (Antoine-François), rue Boucher, n°. 8.

PINEL (Pierre), à l'hôpital de la Salpêtrière.

PORTAL (Antoine), rue Pavée-Saint-André-des-Arcs.

PORTALIS (Jean-Étienne-Marie), rue de l'Université, n°. 278.

POUGENS (Marie-Charles-Joseph), quai Voltaire, n°. 10.

PRONY (Riche), école des ponts et chaussées, rue de Grenelle, faubourg Saint-Germain, n°. 1486.

Q

QUATREMERE DE QUINCY (Antoine-Chrysostôme), rue Basse, n°. 31, à Passy.

R

RAMOND (Louis-François-Elisabeth), rue
de l'Université, près la rue de Beaune,
hôtel des ministres, n°. 898.

RAYMOND (Jean-Arnaud), rue du Roule,
n°. 263.

REGNAUD (de Saint - Jean - d'Angely)
(Michel-Louis-Étienne), chaussée d'An-
tin, n°. 421.

REGNAULT (Jean - Baptiste), galeries
du Louvre, n°. 24.

REINHARD (Charles), rue de Grenelle,
faubourg Saint-Germain, hôtel de Bre-
zolles.

RENNELL, à Londres.

RICHARD (Louis-Claude), rue Copeau,
n°. 531.

ROCHON (Alexis-Marie), rue de Seine,
faubourg Saint - Germain , hôtel de la
Rochefoucauld.

ROEDERER (Pierre-Louis), rue du faubourg Saint-Honoré, n°. 101.

ROLAND (Philippe-Laurent), à la Sorbonne.

ROQUELAURE (Jean-Armand), rue

RUMFORD, à Munich.

S

SABATIER (Raphaël - Bienvenu), hôtel
des Invalides.

SAGE (Balthazar-George), à l'hôtel des
Monnoies.

SAINT - PIÉRRE (Jacques - Bernardin -
Henri), rue de Varennes, faubourg
Saint-Germain, en face de la rue de
Bourgogne, hôtel de Broglio.

SAINTE - CROIX (Guillaume-Emmanuel-
Joseph-Guilhem), rue Cassette, n°.
916.

SÉGUR (Louis-Philippe), rue des Saus-
sayes, n°. 12.

SERGELL, à Stockholm.

SICARD (Roch-Ambroise), à l'Institution des sourds-muets, rue du faubourg
Saint-Jacques.

SIÉYES (Emmanuel - Joseph), rue de
la Madeláine, près la rue de Surenne.

SILVESTRE DE SACY (Antoine-Isaac), rue
Haute-Feuille, n°. 11.

SUARD (Jean-Baptiste-Antoine), place de la Concorde, n°. 3.

T

TALLEYRAND (Charles - Maurice), au ministère des relations extérieures.

TARGET (Guy-Jean-Baptiste), rue Sainte-Croix de la Bretonnerie, n°. 57.

TAUNAY (Nicolas - Antoine), rue de l'Oratoire, n°. 149.

TENON (Jacques), rue du Jardinet, n°. 3.

TESSIER (Henri - Alexandre), rue de l'Oratoire, n°. 149.

THOUIN (André), Muséum d'histoire naturelle, jardin des Plantes.

TOULONGEON (François-Emmanuel), rue Neuve du Luxembourg, n°. 155.

V

VAN SPAENDONCK (Gérard), Muséum d'histoire naturelle, Jardin des Plantes.

VAUQUELIN (Nicolas), Muséum d'histoire naturelle, Jardin des Plantes.

VENTENAT (Etienne - Pierre), à la Bibliothèque du Panthéon-Français.

VIEN (Joseph-Marie), place du musée Napoléon.

VILLAR (Gabriel), rue de Lille , n°. 539.

VILLOISON (d'Ansse de) (Jean-Baptiste-Gaspard), rue de Bièvre , n°. 22.

VINCENT (François - André) , aux Quatre-Nations.

VISCONTI (Ennius-Quirinus), quai Malaquais, n°. 1, au coin de la rue de Seine.

VOLNEY (Chassebeuf) (Const.-Franç.), rue de la Rochefoucaud, n°. 5.

VOLTA, à Pavie.

W

WEST, à Londres.

WIELAND, à Weimar, en Saxe.

WILDFORT , membre de la société de Calcuta.

Commission administrative.

CELS . . . . }
Jusqu'au 1er vendé-
miaire an 13.   Pour la classe
LEGENDRE . . . . .   des
Jusqu'au 1er vendé-   sciences.
miaire an 14.

TARGET . . . .   Pour la classe
Jusqu'au 1er germi-   de
nal an 13.   littérature.]

LÉVESQUE . . . . . .
Jusqu'au 1er vendé-   Pour la classe
miaire an 13. *Rééli-*   d'histoire.
gible.

DUFOURNY . . . . .   Pour la classe
Jusqu'au 1er vendé-   des
miaire an 13.   beaux arts.

CABINET ET COLLECTIONS.

Commissaires surveillant les collections.

LEVÊQUE pour les vaisseaux.
PRONY, pour les machines.

CHARLES, pour la section de physique.

DEYEUX, pour la section de chimie.

SAGE, pour la section de minéralogie.

VENTENAT, pour la section de botanique.

OLIVIER, pour la section de zoologie.

CUVIER, pour les préparations anatomiques.

MONGEZ . } Costumes, armes, médailles
DUPUIS . } et monumens antiques.

Bibliothèque.

LASSUS, bibliothécaire.

BOULANGER . } Sous-bibliothécaires.
FEUILLET . . }

Agence.

LUCAS, agent.

Secrétariat.

CARDOT, chef au secrétariat.

F I N.

www.ingramcontent.com/pod-product-compliance
Lightning Source LLC
Chambersburg PA
CBHW070813270326
41927CB00010B/2394